Snowboard

Snowboard

Greg Goldman

 **Broquet**

97-B, Montée des Bouleaux
Saint-Constant, Qc, J5A 1A9
Tél. : (450) 638-3338 Téléc. : (450) 638-4338
www.broquet.qc.ca / info@broquet.qc.ca

Catalogage avant publication de Bibliothèque et Archives Canada

Goldman, Greg, 1971-

Snowboard

(Aventure)
Traduction de : Snowboarding.
Comprend un index.

ISBN 2-89000-787-1

1. Planche à neige (Sport) - Guides, manuels, etc. I. Titre.
II. Collection: Aventure (Saint-Constant, Québec).

GV857.S57G6414 2006   796.939   C2006-940601-4

**Pour l'aide à la réalisation de son programme
éditorial, l'éditeur remercie :**
Le Gouvernement du Canada par l'entremise du Programme
d'aide au développement de l'industrie de l'édition (PADIÉ) ;
La Société de développement des entreprises culturelles (SODEC) ;
L'Association pour l'exportation du livre Canadien (AELC) ;
Le gouvernement du Québec — Programme de crédit
d'impôt pour l'édition de livres — Gestion SODEC.

Éditrice : Mariëlle Renssen
Responsables de publication : Mari Roberts (UK)
Claudia dos Santos (SA)
Directeur artistique : Peter Bosman
Directrices de la publication : Lauren Copley, Romi Bryden
Graphiste : Sonia van Essen
Illustrations : Steven Felmore
Iconographe : Sonya Meyer
Correctrice d'épreuves : Ingrid Schneider
Production : Myrna Collins
Consultants : Steve Ensor (UK), Axel Zander (SA)

Pour l'édition en langue française :
Copyright © Ottawa 2006 - Broquet inc.
Dépôt légal — Bibliothèque nationale du Québec
3e trimestre 2006
Traduction : Maurice Soudeyns
Révision : Marcel Broquet, François Roberge

ISBN 2-89000-787-1

Reproduction par Hirt & Carter (Cape) Pty Ltd
Imprimé et relié à Singapore par Craft Print (Pte) Ltd

Mise en garde

Ce manuel d'initiation aux techniques du *snow-board* ne peut remplacer les leçons d'un instructeur professionnel. Ce livre ne saurait vous conseiller, de quelque manière que ce soit, de vous lancer dans des manœuvres dangereuses, d'explorer des terrains hostiles sans avoir préalablement reçu les conseils et les entraînements adéquats.

Bien que l'auteur et l'éditeur aient tout fait pour assurer que l'information offerte dans ce livre soit exacte au moment d'aller sous presse,

ils rejettent toute responsabilité quant aux accidents, pertes ou inconvénients, peu importe leur nature, pouvant survenir chez toute personne s'étant servie de ce livre ou des conseils qu'il contient.

Remerciements de l'auteur
Je tiens, d'abord et avant tout, à remercier mon père pour m'avoir donné la chance d'écrire ce livre et pour ses conseils tout au long de sa rédaction. Je remercie aussi le reste de ma famille pour m'avoir écouté, et Karen, Greg et Jones Boys pour leur amitié et leurs conseils. Je remercie tout particulièrement Claudia dos Santos et Lauren Copley pour leur patience et le travail qu'ils ont abattu.

Enfin, je remercie la Patrouille nationale de ski de m'avoir permis de me servir de leurs connaissances et de leur expérience en me laissant réimprimer leur code de responsabilité et le document intitulé : Information sur la sécurité hors-piste.

Dédicace
À Stephane

Contenu

Un sport pour tous

Qui l'eut cru? Un sport relativement jeune qui allie la fluidité de mouvement du surf, la palpitante activité aérienne de la planche à roulettes et la poussée d'adrénaline qu'engendre le plaisir de filer à vive allure dans un décor intact.

Voilà ce qu'est le *snowboard* : la fusion de la solitude et de l'ivresse. Faites-en l'essai une seule fois et vous vous demanderez comment le monde a pu s'en passer. Si les sports d'hiver comme le ski sont nés d'un besoin, le *snowboard* s'est progressivement révélé une activité sportive amusante pour jeunes et moins jeunes.

Il y a quelques années à peine, le *snowboard* n'en était qu'à ses premiers balbutiements avec une poignée d'adeptes convaincus. Seuls quelques stations de ski acceptaient les surfeurs sur les pentes et la constitution d'un courant dominant susceptible de leur faire une place semblait bien loin. C'est ainsi que l'entrée soudaine du sport dans l'arène des stations de ski, un peu partout dans le monde, a surpris même les plus passionnés. La National Sporting Goods Association estime que les surfeurs formaient 23% de l'ensemble des visiteurs dans les stations de sports d'hiver l'année dernière.

Une popularité qui explose

Les stations d'hiver ont sauté sur l'occasion et les efforts qu'elles ont déployés au cours des années passées ont permis au sport de faire des pas de géant. La grande majorité des stations fait maintenant une place au *snowboard*. Beaucoup ont des écoles de spécialistes reconnus, dont les instructeurs ont reçu une formation professionnelle, offrent des parcs de surf acrobatique, des *halfpipes* et louent des équipements. Le fait que le *snowboard* ait été accepté signifie que les équipements abondent, ce qui rend le sport sûr, accessible et super amusant. Il n'est plus l'apanage d'une bande de jeunes mordus. Les jeunes adultes forment bel et bien une part importante de la communauté des surfeurs, et à mesure que ce sport passionnant continue de croître en popularité, d'autres personnes, et de tout âge, deviennent accrocs. Ce n'est plus non plus exclusivement un sport d'hommes, puisque environ un tiers des adeptes sont des femmes. Ce facteur s'est traduit par une

ci-dessus UN SURFEUR HORS-PISTE RÈGLE SON DÉTECTEUR D'AVA-LANCHE, UN APPAREIL RADIO UTILISÉ POUR REPÉRER SOUS LA NEIGE LES VICTIMES D'AVALANCHE. LE *SNOWBOARD* HORS-PISTE EST UNE DISCIPLINE EXCITANTE À ESSAYER UNE FOIS LES MOUVEMENTS DE BASE MAÎTRISÉS.

ci-contre L'ACCROISSEMENT DE LA DEMANDE DANS LES STATIONS DE SKI, PARTOUT DANS LE MONDE, COMME À *SAAS FEE* EN SUISSE, A FAIT OUVRIR LA PLUPART DES PISTES AUX SURFEURS ET PERMIS AU *SNOWBOARD* DE PRENDRE SON ENVOL.

REMONTER LA PENTE À PIED POUR MIEUX REDESCENDRE ENSUITE CONSTITUE UN EXCELLENT EXERCICE PHYSIQUE.

augmentation des équipements et des vêtements de *snowboard* conçus pour répondre à leur besoins. Les enfants n'ont pas été laissés pour compte puisque d'excellents produits, adaptés à leur taille, sont offerts.

L'une des principales raisons à l'origine de cette explosion de popularité est qu'il est relativement facile d'apprendre les rudiments de ce nouveau sport. Les experts s'accordent pour dire qu'environ trois jours suffisent pour apprendre les mouvements de base nécessaire à l'usage du *snowboard*. Une série de leçons et d'exercices sont conçus pour renforcer les mouvements requis tandis qu'on bâtit la confiance du surfeur. Cette démarche facilite la tâche des débutants qui commencent à zéro, mais aussi celle des sportifs qui passent du ski au *snowboard*. Les personnes qui jouissent d'une bonne coordination sont capables de trouver le truc en aussi peu qu'une journée.

Autre avantage : lorsque vous avez maîtrisé les mouvements de bases, il est facile de vous améliorer. Après vous aurez acquis confiance et maîtrise, toute une gamme de disciplines vous attendra, du *freestyle* (surf acrobatique) au *freeride* (surf tout-terrain) en passant par le *carving* (l'exécution de virages coupés). Bien sûr,

vous mettrez un certain temps avant de pouvoir exécuter des sauts dans les parcs ou effectuer des virages sur de la poudreuse profonde, mais les surfeurs chevronnés croient que l'apprentissage fait partie du plaisir et que de constater qu'on s'améliore de façon sensible chaque jour crée une vive sensation.

C'est aussi bon pour vous!

Chose incroyable, un sport aussi amusant que le *snowboard* peut être aussi réellement bon pour vous. Une journée de *snowboard* offre un mélange idéal d'exercices aérobiques et anaérobiques. Puisqu'il sollicite surtout le bas du corps, les quadriceps, les ischio-jambiers, les fessiers, les muscles des hanches et des mollets reçoivent un entraînement complet. Les mouvements que vous faites lorsque vous exécutez des virages carre côté pointes ou carre côté talon en descendant une montagne renforceront progressivement ces groupes de muscles.

Faire du *snowboard* sollicite aussi beaucoup le haut du corps : les abdominaux, les muscles de la région lombaire et les obliques (muscles de chaque côté de l'abdomen) seront aussi renforcés. En plus d'accroître votre force, vous serez assuré d'augmenter votre souplesse générale. Faire du *snowboard* sollicite vraiment tout un tas de muscles dont vous ignoriez l'existence. Beaucoup de gens croient que l'exercice que procure le *snowboard* est meilleur que tous les programmes complets auxquels ils ont participé jusque-là. Les spécialistes du conditionnement physique estiment qu'il faut 20 à 30 minutes d'exercice aérobique par jour pour demeurer en forme ou pour améliorer sa condition générale, à peu près le temps nécessaire à un parcours de durée moyenne. Mais le grand avantage du *snowboard*, sur les autres types d'exercice moins stimulants, est que vous aurez trop de plaisir pour vous rendre compte que vous faites de l'exercice.

D'autres bonnes nouvelles

Que vous soyez un transfuge du ski ou un néophyte qui n'a jamais domestiqué la neige, le prochain chapitre vous fournira toute l'information nécessaire à votre voyage au paradis du *snowboard*. Il vous révélera en quoi consiste l'équipement, comment vous en servir, comment choisir les bons vêtements selon vos besoins et quoi porter pour avoir chaud, être à l'aise et éviter les risques. Une approche étape par étape vous aidera à progresser rapidement et en toute sécurité vers vos premiers virages. Une vue d'ensemble de la gamme de disciplines qu'offre le sport vous aidera à évoluer au-delà des mouvements de base dès que vous aurez pris suffisamment d'assurance.

Si vous n'avez pas l'habitude des pentes ou si vous ne connaissez pas bien la neige en général, vous renseigner davantage sur les mesures de sécurité et les règles générales vous serait utile. Une liste de stations de ski et d'organismes recommandés voués au *snowboard* figure à la fin du livre. Vous saurez donc où aller lorsque vous organiserez vos propres loisirs hivernaux.

APPRENDRE À SURFER EST AMUSANT, LE CHOIX IDÉAL POUR LES PERSONNES DE TOUT ÂGE.

Planches, chaussures et fixations

Acheter le bon équipement de *snowboard* était jadis l'enfance de l'art, car une poignée de compagnies seulement fabriquaient un éventail limité d'articles de base. De nos jours, c'est un peu plus compliqué ; une profusion de marques ont fait leur apparition sur le marché et la spécialisation du sport a donné naissance à de nombreuses possibilités pour chaque style de *snowboard* et selon les préférences de chacun. Si c'est une bonne nouvelle pour les surfeurs, en contrepartie, le grand choix de produits a un peu compliqué les choses. Comprendre les éléments importants de l'équipement facilitera votre première expérience de *snowboard* et vous guidera au moment d'acheter votre propre équipement.

Quel type de surfeur êtes-vous ?

Avant de commencer, et bien avant de songer à acheter votre propre équipement, vous devez répondre à la question suivante : quel type de surfeur désirez-vous devenir ?

Voulez-vous exécuter des sauts dans un parc et essayer les épreuves du *halfpipe* ou cela vous est-il égal que votre planche reste sur le plancher des vaches ? Rêvez-vous de solitude et de neige épaisse et poudreuse ou désirez-vous effectuer des virages couchés à grande vitesse sur des parcours damés (connus sous le nom de « corduroy ») ? Quelle que soit la passion qui vous anime, choisir la planche qui sied à votre style est la clé du succès. Si vous n'êtes pas entièrement convaincu que l'une ou l'autre des disciplines vous convient, retenez que vous pourrez toujours changer d'avis. Beaucoup d'adeptes de *snowboard* s'adonnent à plus d'une discipline jusqu'à ce qu'ils trouvent celle qui les fera craquer. Trois types de surf s'offrent à vous : le *freestyle* (surf acrobatique), le *freeride* (surf tout-terrain) et le *carving* (conduite coupée/planche de compétition).

Caractéristiques des planches de *freestyle*

■ Ces planches sont conçues pour les figures. Si vous

avez l'intention de passer le plus clair de votre temps dans le *halfpipe* ou le parc de surf acrobatique, c'est la configuration qui vous convient.

■ Les planches de *freestyle* ont tendance à être courtes (pour offrir moins d'inertie de rotation en changement de direction) et plus de manœuvrabilité dans le *halfpipe*.

■ Avec un arc de flexion plus souple (voir p. 14) et une largeur plus élevée, ces planches sont légèrement plus lentes.

■ Elles constituent par conséquent un choix tout indiqué pour les débutants.

■ La plupart présentent deux spatules, c'est-à-dire que leurs deux extrémités sont de forme identique. On peut donc les manœuvrer façon *fakie* (en marche arrière).

■ Les configurations pour *freestyle* sont généralement équipées de chaussures souples et de fixations soutenant modérément ou faiblement la cheville.

Caractéristiques des planches de *freeride*

■ Ces planches constituent un excellent choix si vous désirez devenir un adepte du *freeride* et être capable d'affronter tous les types de terrain.

■ Les planches de *freeride* ont tendance à être plus rigides que les planches de *freestyle*, mais sont tout de même indiquées pour divers types de terrain et différentes conditions.

■ Les planches de *freeride* sont plus longues et plus étroites que les planches de *freestyle* et permettent ainsi des virages plus précis.

■ Elles présentent aussi généralement un arc de flexion directionnel avec une extrémité avant et une extrémité arrière de forme différente, ce qui en fait un excellent choix pour les débutants.

■ Elles offrent donc une meilleure manœuvrabilité vers l'avant mais peuvent être aussi manœuvrées façon *fakie* (en marche arrière).

■ La plupart des configurations pour *freeride* sont équipées de chaussures conçues pour offrir plus de soutien que les chaussures de *freestyle*.

■ Les fixations que l'on trouve sur les planches de *freestyle* offrent du soutien en plus d'avoir l'avantage de permettre une certaine souplesse.

Principaux type de *snowboards*

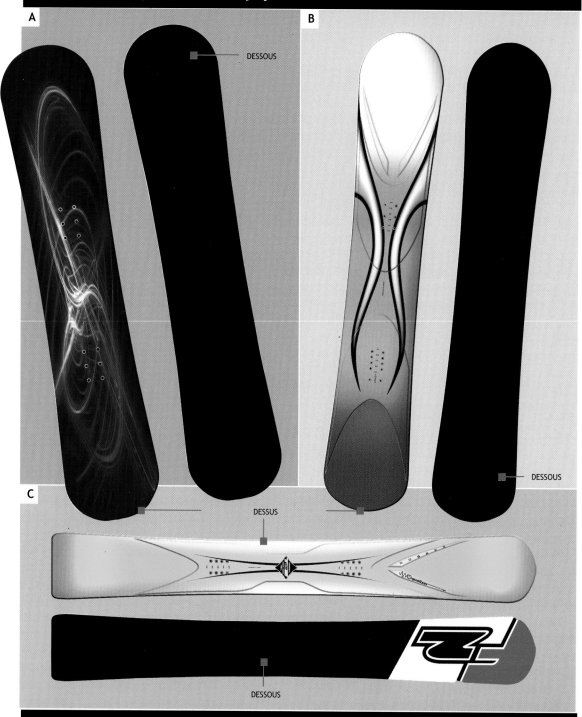

A DESSOUS

B DESSOUS

C DESSUS

DESSOUS

A LES PLANCHES DE *FREESTYLE* SONT COURTES, LARGES ET SOUPLES, CE QUI LES REND EFFICACES POUR LES FIGURES, LES SAUTS ET LE *FAKIE* (LA MARCHE ARRIÈRE).

B LES PLANCHES DE *FREERIDE* SONT GÉNÉRALEMENT PLUS LONGUES ET PLUS RIGIDES QUE LES AUTRES PLANCHES ET OFFRENT UN MEILLEUR CONTRÔLE DE LA VITESSE.

C LES PLANCHES DE *CARVING* SONT TRÈS LONGUES, ÉTROITES ET RIGIDES POUR LES DESCENTES À GRANDE VITESSE ET POUR FACILITER LES CHANGEMENTS DE CARRE.

Caractéristiques des planches de *carving*:

■ Plus étroites au centre, elles offrent un rayon de virage extrêmement court et un passage de carre à carre fulgurant.

■ Leur construction rigide garde la planche stable à grande vitesse, mais leur manque général de «souplesse» fait qu'elles ne sont pas recommandées aux débutants.

■ Ce type de planche a peu ou pas du tout de «kick» (relèvement) dans le talon, ce qui signifie qu'il n'a pas été conçu pour le *fakie*.

■ Les planches de *carving* sont toujours jumelées à des chaussures rigides (semblables aux bottes de ski traditionnelles) et des fixations à plaque. À l'instar des fixations de ski, elles consistent en une plaque de métal ou de plastique fixée sur la planche.

Facteurs importants à ne pas oublier au moment de l'achat d'une planche

TAILLE: la largeur de la planche à son point le plus étroit est le premier facteur important à prendre en considération.

■ Les dimensions sont importantes: une planche trop étroite pour votre pointure fera que vos pieds dépasseront du bord.

■ Inversement, une planche trop large pour votre pointure se traduira par une perte de réponse et diminuera, par conséquent, votre niveau de contrôle.

■ Voici une petite règle pratique: si vous chaussez du 10,5 (45 pour l'Europe) et plus, il vous faut une planche d'au moins 26 cm (10 po) de taille.

■ Si vous chaussez du 8 (du 41 pour l'Europe) et moins, choisissez une planche d'au plus 25 cm (9,5 po) de taille.

LONGUEUR: la planche idéale devrait équivaloir à 90 % de votre propre taille. Si vous la tenez debout devant vous, elle devrait vous arriver au menton.

■ Le type de *snowboard* que vous désirez pratiquer déterminera la longueur de planche qu'il vous faut.

■ Si vous vous intéressez davantage à la poudreuse et au hors-piste, choisissez une planche plus longue.

■ Si la plupart de vos activités se passent au parc dans le *halfpipe*, choisissez une planche plus courte.

■ Pour les hommes de taille moyenne, le meilleur choix est une planche d'environ 160 à 170 cm (5 pi 3 po à 5 pi 6 po) de longueur.

■ Pour les femmes de taille moyenne, la bonne longueur serait autour de 150 à 160 cm (5 pi à 5 pi 3 po).

ARC DE FLEXION: ici encore, vos préférences personnelles joueront un rôle. Le degré de souplesse que vous choisirez dépendra à la fois de votre poids et du style de *snowboard* que vous adopterez.

■ Un arc de flexion plus rigide offre une meilleure réactivité dans les virages, le choix tout indiqué pour le *carving*.

■ Un arc de flexion plus souple réduira la réactivité de la planche, mais constitue le meilleur choix en *freestyle*.

■ Souvenez-vous que c'est relatif, une flexion ferme pour un *snowborder* de 68 kg (150 lb) semblera souple à un surfeur de 90 kg (200 lb).

■ N'oubliez pas la flexibilité en torsion de la planche; une torsion plus souple vous permettra d'amorcer un virage beaucoup plus facilement et d'en sortir beaucoup plus facilement, tandis qu'une torsion plus rigide offrira une meilleure prise de carre dans les virages.

LA FORME: la plupart des planches sont soit de type «directionelle», *directional-twin* ou *twin-tip*.

■ La plupart des surfeurs hors-piste choisissent la forme de type «directionnelle» (ce qui signifie que si la planche peut être utilisée *regular* ou *fakie*, elle donne de meilleurs résultats lorsque utilisée vers l'avant).

■ Les planches de type *twin-tip* ont l'avant et l'arrière identiques pour pouvoir vous en servir aussi bien en marche avant qu'en *fakie*, ce qui constitue le meilleur choix en *freestyle*.

■ Les planches de type *directional twin* sont un croisement entre les deux types précédents; le *twin-tip* apporte un arc de flexion directionnel, ce qui constitue le meilleur des deux mondes.

COÛTS: si vous voulez vous payer le dernier modèle, attendez-vous à débourser un montant élevé. Mais il n'est pas toujours nécessaire de mettre le prix.

■ Pour sauver sur l'équipement, achetez hors saison parce que les prix sont toujours plus élevés en début de saison.

■ À la fin de la saison, les boutiques sont toujours pressées de liquider le stock de l'année précédente et offrent souvent beaucoup d'équipements en solde.

■ Visiter les boutiques locales à la recherche d'équipements d'occasion est une bonne idée.

■ Les surfeurs qui peuvent se le permettre tiennent absolument à acheter la dernière planche à la mode chaque année et sont souvent heureux de se départir de leur «vieil» équipement à prix dérisoire.

Anatomie du *snowboard*

INDÉPENDAMMENT de votre style préféré, votre planche est l'outil le plus important de votre nouvel achat; par conséquent, il est utile de comprendre sa construction.

La partie avant du *snowboard* s'appelle la SPATULE.
■ L'extrémité retroussée permet à la planche de demeurer sur la neige.
■ Les planches de *freestyle* et de *freeride* ont plus de *kick* (plus de relèvement) à l'avant que la planche de *carving*, parce que les planches de *freeride* sont conçues pour être utilisées dans diverses conditions et sur différents terrains.

Le TALON de la planche est naturellement sa partie arrière. Son extrémité est relevée pour pouvoir sortir aisément des virages.
■ Comme c'est le cas pour la spatule, le talon des modèles pour *freestyle* et *freeride* a aussi plus de *kick* (est plus relevé).

La SEMELLE du *snowboard* est la partie située en dessous qui entre en contact avec la neige.
■ La semelle est constituée d'une solide couche de polyéthylène qui retient bien le fart et permet un maximum de glisse. Ce matériau est robuste, mais peut se rayer au contact de pierres ou d'autres débris.
■ Les semelles peuvent être soit frittées soit extrudées. (Ces termes se rapportent au poly-

éthylène ou au P-tex utilisés dans la construction de la planche.)
■ Les planches à semelle frittée sont généralement plus chères que celles à semelle extrudée, mais résistent mieux aux chocs et absorbent et retiennent mieux le fart que ces dernières. D'un autre côté, les semelles extrudées sont moins chères mais plus faciles à réparer.

Le NOYAU de la planche est constitué de mousse ou de bois résistant et est recouvert d'une enveloppe de fibre de verre.
■ Le noyau est ce qui donne de la flexibilité et du ressort à la planche.

Le PONT est le dessus de la planche sur lequel les fixations sont montées.
■ Le noyau se trouve entre la couche supérieure et la semelle.

Des TROUS D'ANCRAGE filetés (inserts), en acier, sont pratiqués dans le pont pour recevoir les boulons des fixations.
■ Ces trous sont disposés de telle sorte que le *snowborder* puisse ajuster les fixations selon l'angle et l'écartement qui lui conviennent (pour plus d'information, voir p. 23).

Le REPOSE-PIED est une petite plaque en caoutchouc fixée sur la partie supérieure de la planche entre les deux fixations. On l'utilise lorsque le surfeur glisse sur une surface plane ou lorsque

le pied arrière n'est pas dans sa fixation. Il est particulièrement utile aux débutants.

Les *SIDEWALLS* sont les bandes protectrices qui recouvrent le noyau entre la partie supérieure et la semelle.
■ Les *sidewalls* ne sont utilisés que pour les planches dont la construction est de type « en sandwich ».
■ Les planches dont la construction est de type « capped » n'utilisent pas de *sidewalls*. Ce qui signifie que la couche supérieure descend sur les côtés de la planche.

Les CARRES sont des baguettes d'acier qui bordent la planche de chaque côté de la semelle.
■ Les carres tranchent la neige et permettent de contrôler la planche dans les virages ou les arrêts.

Les FIXATIONS ne font pas partie de la planche techniquement parlant, mais elles servent d'interface entre le surfeur et la planche.
■ Il existe deux types de fixation : les fixations pour chaussures souples et celles pour chaussures rigides. (pour plus d'information, voir p. 20-25)

La *LEASH* est une lanière attachée à la fixation avant qu'on attache autour de la jambe avant du surfeur.

■ La lanière de sécurité évite que la planche ne s'éloigne de vous lorsque votre pied n'est pas sanglé dans la fixation.

■ La lanière est généralement obligatoire puisqu'une planche sans surfeur peut représenter un danger pour les autres.

■ La plupart des stations de sports d'hiver interdisent les remonte-pentes aux surfeurs sans lanière de sécurité.

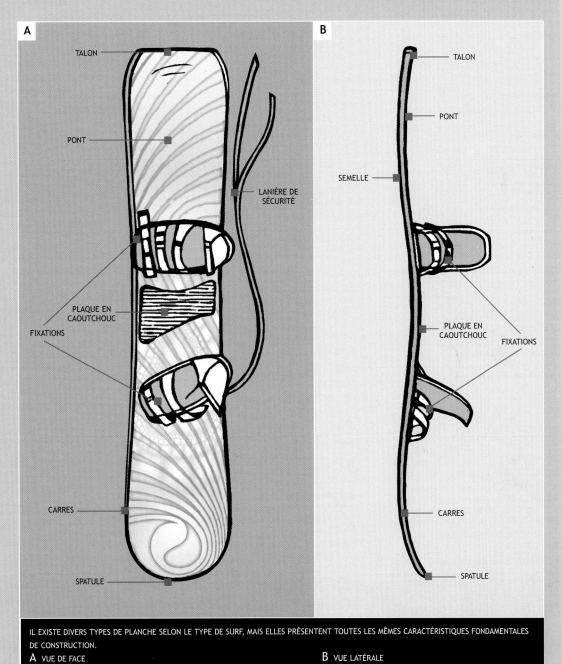

IL EXISTE DIVERS TYPES DE PLANCHE SELON LE TYPE DE SURF, MAIS ELLES PRÉSENTENT TOUTES LES MÊMES CARACTÉRISTIQUES FONDAMENTALES DE CONSTRUCTION.
A VUE DE FACE   B VUE LATÉRALE

A CHAUSSON DE *FREESTYLE*

B LA FLEXIBILITÉ DE CETTE CHAUSSURE SOUPLE DE *FREESTYLE* FAIT QU'ELLE EST IDÉALE POUR RÉALISER DES MANŒUVRES.

C UNE CHAUSSURE DE *FREERIDE* COMPORTE UN SUPPORT DANS LA PARTIE DU HAUT POUR PLUS DE RÉACTIVITÉ.

D LES CHAUSSURES DE *CARVING* SONT IDENTIQUES AUX BOTTES DE SKI ET OFFRENT UN MAXIMUM DE SOUTIEN.

E LES CHAUSSURES POUR FEMMES SONT ADAPTÉES À LEURS POINTURES ET À LA FORME DE LEURS PIEDS AFIN QUE LEUR TALON NE SE SOULÈVE PAS PENDANT QU'ELLES SURFENT.

F LES CHAUSSURES POUR ENFANTS SONT ADAPTÉES À LEURS POINTURES ET À LEUR NIVEAU D'HABILETÉ.

G LES CHAUSSURES DE TYPE *STEP-IN* SONT ASSEZ RIGIDES ET COMPORTENT UN SUPPORT DE CHAQUE CÔTÉ DU TALON ET UNE SANGLE DE CHEVILLE.

La forme de la planche

L'ARC DE FLEXION contrôle le degré de flexion de la planche et l'endroit où elle se réalise. Si vous tenez la planche à la verticale et appliquez une pression en son centre, vous verrez clairement comment l'arc de flexion agit.

■ La CAMBRURE est le « ressort » intégré de la planche. Déposez-la à terre sur la semelle et vous verrez qu'elle est arquée au centre, ce qui facilite les virages. Lorsque vous entamez un virage, vous armez le « ressort » qui reprend bientôt sa position initiale et vous aide à l'exécuter.
■ La TORSION concerne le degré de flexion latérale de la planche. Pour comprendre ce dont il s'agit, il faut s'imaginer qu'on tient la planche debout et qu'on essaie de la tordre comme si son centre était sa taille. Une planche avec plus de flexion latérale est plus maniable pour l'utilisateur ; une plus grande rigidité signifie plus de réactivité dans les virages.
■ La CONFIGURATION LATÉRALE EN COURBE est la différence de largeur entre la spatule, la taille et le talon. Les *snowboards* sont plus étroits au centre qu'aux extrémités. Cette taille de guêpe aide la capacité de virage de la planche. Plus la taille est mince, plus le virage est serré.

Conseils au moment de l'achat d'une planche

Ne soyez pas surpris de ne plus vous y retrouver devant le grand choix de formes et de tailles lorsque vous commencerez à chercher une planche. Une erreur coûteuse consiste à voir le dernier modèle dans la vitrine d'un magasin avec des décorations super et la signature d'un pro sur le pont ultra-brillant et à se précipiter sur la carte de crédit.

Maintenant que vous êtes en pleine nature, vous agrippez votre nouvelle acquisition et vous avez hâte de l'essayer, mais voilà qu'à votre premier essai, à mi-virage, vous constatez que vos orteils traînent dans la neige. Vous êtes consterné de découvrir que votre nouvelle planche est trop étroite pour vous et c'est le retour à la case départ.

Les *snowboards* ne se donnent pas, il est donc important de réfléchir avant d'arrêter son choix. Vous vous assurerez alors d'avoir la bonne planche pour le type de surf que vous désirez pratiquer et qu'elle offrira une excellente performance.

Les chaussures

Les chaussures de *freestyle* et de *freeride* sont reconnues pour être souples. Elles ressemblent aux chaussures de neige à lacet ordinaires et sont faites de toile et de cuir avec une semelle en caoutchouc. Elles sont aussi chaudes et confortables que les chaussures de neige communes.

Les chaussures rigides sont portées par les adeptes du *carving* et de la course. Les transfuges du ski les trouveront confortables puisqu'elles ressemblent à des bottes de ski traditionnelles. Il est cependant vrai qu'elles présentent des différences sur le plan fonctionnel.

Caractéristiques des chaussures souples:

■ La semelle est courte et en biseau au niveau du talon et des orteils pour minimiser le risque que le pied ne traîne dans la neige (à cause du bout de la chaussure qui dépasse de la planche).
■ La partie supérieure de la chaussure est dotée d'un support pour faciliter la transmission du mouvement de la jambe à la planche et un appui à l'avant pour réaliser plus facilement la position genou plié.
■ Les fabriquants de chaussures souples offrent une vaste gamme de modèles, lesquels conviennent aux adeptes de *freestyle* et de *freeride*. La principale différence entre ces modèles est le degré de flexion ; le *freestyle* exigeant plus de souplesse et le *freeride* ; plus de fermeté par supports.
■ Les modèles pour *freeride* offrent plus de rigidité à la partie supérieure de la chaussure, un bracelet plus haut avec un chausson à lacet qui accroît sa fermeté.
■ Les modèles pour *freestyle* ont généralement un chausson en mousse moulée offrant un maximum de souplesse.

Caractéristiques des chaussures rigides:

■ Une chaussure rigide comprend une coque extérieure en plastique qui se ferme à l'aide de solides boucles en métal et un chausson matelassé cousu. L'avantage de la coque en plastique est qu'elle donne plus de puissance et de précision au surfeur dans les mouvements de prise de carre.
■ Les chaussures rigides sont aussi dotées d'un soutien à l'avant et présentent une partie supérieure élevée qui atteint le sommet du mollet pour plus de support.
■ Les chaussures rigides moulent fermement la cheville et réagissent bien, ce qui procure un maximum de contrôle à grande vitesse. Elles ne sont cependant pas appropriées pour les manœuvres acrobatiques du *freestyle* puisque leur souplesse est limitée.

Les fixations : d'une importance capitale

Les fixations sont l'indispensable interface entre vous et votre planche. Leur fonction initiale est de transmettre les mouvements du corps à la planche le plus efficacement possible.

Trois types particuliers de fixation sont offerts selon qu'il s'agisse de chaussures souples, de chaussures rigides ou de *step-in*.

Fixations pour chaussures souples

Toutes les chaussures souples sont construites de la même façon. La plaque servant de base, en métal ou en plastique (ou en métal et plastique), est fixée au pont de la planche. Elle retient solidement le pied à l'aide de deux ou trois sangles matelassées réglables.

Contrairement aux fixations de ski traditionnelles, les fixations pour chaussures souples qu'utilisent les *snowborders* ne sont pas dotées d'un système à dégagement rapide, de sorte que si vous chutez, vous restez attaché à la planche.

Le *highback* est un support arrière vertical fait de plastique moulé ou de fibre de carbone fixé à la plaque de la fixation. Le dos de la chaussure repose sur le *highback*, lequel sert de support, multipliant ainsi la force dans les virages côté talon.

■ Les FIXATIONS DE *FREESTYLE* sont les plus populaires. Elles sont confortables et polyvalentes et elles transmettent au surfeur un sentiment de liberté. Les adeptes de *freestyle* et de hors-piste préfèrent ce type de fixation.

Elles conviennent autant pour les épreuves du *half-pipe* que pour la poudreuse.

Les fixations de *freestyle* sont dotées d'un support arrière plus court et retiennent fermement le pied en place à l'aide de deux solides sangles. L'une entoure le pied au niveau des orteils et l'autre, au niveau de la cheville. Si les fixations de *freestyle* constituent un bon choix en général, il ne faut pas oublier que vous perdrez en réactivité ce que vous gagnerez en flexibilité.

Quel type de chaussure acheter le moment venu ?

Il est indispensable d'avoir la bonne paire de chaussures ; de ce choix pourrait bien dépendre votre plaisir de surfer tant il est vrai qu'il peut faire la différence entre des heures de douleurs insupportables et des jours de bienheureux confort. Voilà pourquoi vous devriez toujours penser confort et pointure appropriée lorsque vous choisissez des chaussures.

Comme c'est le cas pour toutes les chaussures athlétiques, le plus important est qu'elles soient bien AJUSTÉES à votre pied afin que confort et performance vous soient assurés.

■ Les chaussures de *snowboard* doivent être bien ajustées au niveau de la cheville et retenir fermement votre talon bien à plat.

■ Une fois les chaussures lacées, tout soulèvement du talon dans la chaussure doit être éliminé complètement (si vous pouvez soulever le talon, c'est que la chaussure ne vous chausse pas de manière appropriée). De nombreux modèles de chaussures sont conçus de façon à tenir compte de ce problème et sont dotés d'un blocage talon pour minimiser le soulèvement.

■ L'ajustement général est à peu de chose près le même que pour les autres chaussures en n'oubliant pas que la doublure matelassée finira par se compacter, élargissant légèrement l'espace à l'intérieur après quelques randonnées.

■ Certaines chaussures chaussent mieux les pieds larges ou étroits selon les marques. Le conseiller du magasin devrait être en mesure de vous renseigner sur ce plan. Il existe aussi des chaussures spécialement conçues pour répondre aux besoins des femmes et des enfants.

La SOUPLESSE joue aussi un rôle important au moment de l'achat de chaussures. Songez à votre style de surf et à vos préférences lorsque vous déciderez du degré de souplesse dont vous avez besoin.

■ Les chaussures de *freeride* sont généralement dotées d'un bracelet plus rigide pour soutenir davantage la jambe, de même que d'un chausson à lacet qui vous permet de régler le degré de souplesse.

■ Les modèles pour *freestyle* ont tendance à être moins hauts avec un chausson moulé.

Le PRIX est un point important. Les bonnes chaussures solides sont assez chères et les bon marché ne constituent pas toujours de bons achats. Vous n'avez pas besoin d'acheter le dernier cri en matière de chaussures ou le modèle haut de gamme, une bonne paire de chaussures vraiment bien ajustées à votre pied et conçue pour votre style de surf est un excellent investissement. Elles vous rendront aussi le *snowboard* plus agréable.

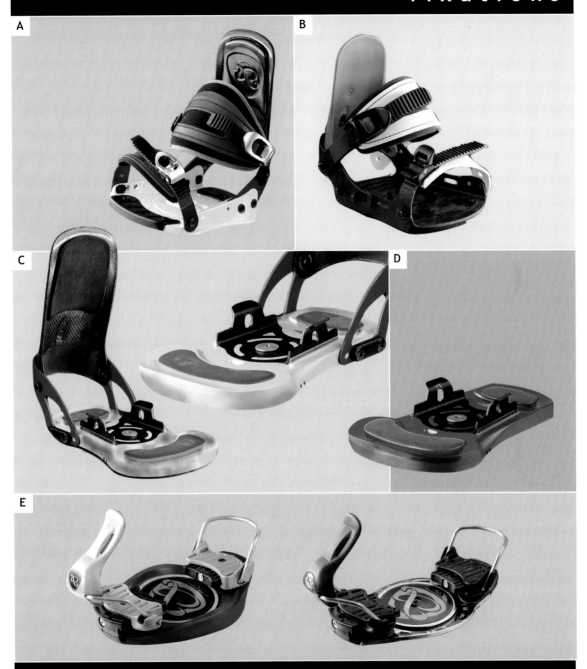

A CES FIXATIONS DE *FREERIDE* SOUPLES SONT DOTÉES DE DEUX BOUCLES EN ALUMINIUM QUI PEUVENT ÊTRE DÉSENGAGÉES RAPIDEMENT, TANDIS QUE LEUR SUPPORT ARRIÈRE, PLUS HAUT, TRANSMET CONTRÔLE ET PUISSANCE DIRECTEMENT.

B LES FIXATIONS DE *FREESTYLE* ONT DEUX SANGLES ET UN SUPPORT ARRIÈRE MOINS ÉLEVÉ POUR OFFRIR UN MAXIMUM DE SOUPLESSE.

C CERTAINES FIXATIONS DE TYPE *STEP-IN* SONT AUSSI DOTÉES D'UN SUPPORT ARRIÈRE MAIS COMPRENNENT UN MÉCANISME DE VERROUILLAGE QUI RETIENT SOLIDEMENT LA CHAUSSURE À LA PLAQUE.

D D'AUTRES FIXATIONS DE TYPE *STEP-IN* SONT CONÇUES SANS SUPPORT ARRIÈRE, LE SUPPORT CÔTÉ TALON ÉTANT À L'INTÉRIEUR DE LA CHAUSSURE MÊME.

E LES FIXATIONS À PLAQUE SONT ULTRA RÉACTIVES ET COMPATIBLES SEULEMENT AVEC DES CHAUSSURES RIGIDES, SEMBLABLES À CELLES UTILISÉES EN SKI.

Quel type de fixations chercher le moment venu ?

Tous les fabricants d'équipements de *snowboard* font tout ce qu'ils peuvent pour améliorer le confort et la performance, tout en faisant en sorte que les fixations restent légères et durables. Néanmoins, le nombre de nouveaux modèles ne cesse d'augmenter. C'est une bonne chose puisque vous ne pourrez faire autrement que de trouver la paire qui vous convient, mais vous gagneriez à prendre quelques notes avant d'acheter.

■ Il est d'une importance capitale que vos chaussures puissent bien s'AJUSTER aux fixations. Apportez vos chaussures avec vous au magasin et assurez-vous qu'elles s'ajustent bien à la plaque. Vérifiez également la hauteur du support arrière. Les supports arrière plus hauts offrent plus de réactivité alors que les plus bas signifient plus de souplesse. Assurez-vous que la hauteur du support arrière corresponde à la hauteur de votre chaussure. Un support arrière plus bas que la chaussure se traduira par une perte d'effet de levier. Inversement, un support arrière plus haut que la chaussure appliquera une pression sur le mollet, ce qui peut devenir douloureux.

■ CONFORT et RÉGLAGE sont aussi importants. Vérifiez l'endroit où passent les sangles sur la chaussure et serrez-les de sorte qu'elles ne coincent pas le pied. Assurez-vous que la plaque offre beaucoup de possibilités de trous de vissage, pour que vous puissiez bien régler l'angle des pieds. Assurez-vous aussi que le support arrière et les sangles s'adaptent parfaitement à vos propres réglages, votre position avancée et votre angle de support arrière. Les fixations devraient vous procurer immédiatement une sensation de confort lorsque vous y posez le pied, mais rappelez-vous qu'il est toujours bon d'avoir d'autres possibilités de réglage, au cas où vous en auriez besoin plus tard.

■ Le PRIX peut influer sur la décision que vous prendrez en ce qui concerne votre choix de fixations. Ne lésinez pas sur ce choix, car votre sécurité et votre plaisir de surfer en dépendent. Les prix varient selon les matériaux utilisés en usine. Les fixations en plastique sont généralement meilleur marché et les plaques en plastique offrent souplesse et amortissement, mais ne sauraient être suffisamment durables.

Les composés métal-plastique offrent de la souplesse et renforcent la stabilité dans le blocage talon. Cependant, qui dit métal dit poids. Les fixations à base de carbone allient durabilité et réactivité tout en étant légères, mais elles sont plus chères, car leur coût de fabrication est plus élevé.

■ Les FIXATIONS DE *FREESTYLE* sont semblables aux fixations de *freeride,* bien qu'elles soient dotées de supports arrière plus hauts offrant plus de soutien et d'une troisième sangle qui s'attache autour du tibia. Le surplus de hauteur du support arrière et la sangle supplémentaire augmentent l'effet de levier, ce qui permet de mieux contrôler la planche tout en gardant une configuration de chaussures souples. Si vous n'avez absolument pas besoin de la souplesse des fixations de *freestyle,* elles constituent un bon choix.

Chaussures rigides ou fixations à plaque

Ces fixations sont généralement utilisées avec des chaussures rigides et des planches de *carving* ou de compétition et sont aussi proches des fixations de ski traditionnelles qu'il est possible de l'être. Les fixations à plaque sont constituées d'une petite plaque de métal et de deux arcs de fil de métal qui retiennent le talon et la pointe de la chaussure. Leur réactivité rigide procure un maximum d'effet de levier et de puissance pour l'exécution de virages coupés et surfer sur la neige dure à grande vitesse.

Fixations de type *step-in* pour chaussures souples

Ces fixations favorisent une interface pour chaussures souples sans sangles. Il est facile d'y glisser le pied ou de l'en retirer tout en gardant l'impression de chaussures souples.

Les premières fixations de type *step-in* sont apparues en 1994 avec la configuration Clicker K2. Aujourd'hui, de nombreuses compagnies ont envahi le marché des *step-in* et chacune a son propre modèle, de sorte qu'il n'y a rien d'établi en matière de *step-in*.

Les traditionalistes ont regimbé devant la perte de contrôle qu'engendre une interface sans sangles, et beaucoup de fervents des chaussures souples ont choisi de conserver le système à sangles pour sa sécurité. Les fabricants continuent de mettre au point de nouvelles fixations à sangles dans le but d'améliorer leur confort.

Quant à savoir s'il faut choisir des fixations de type *step-in* ou des fixations à sangles, c'est essentiellement une question de goût. Si vous croyez que la commodité qu'offrent les *step-in* l'emporte sur la perte de contrôle qu'elles engendrent, alors le mieux, c'est d'acheter ce type particulier de fixations.

Monter et régler vos fixations

Installer vos fixations sur la planche est plus compliqué que de simplement mettre les trous de chacune des plaques vis-à-vis les trous filetés de la planche.

Après avoir déterminé si vous êtes *goofy* ou *regular* (ces termes, associés au changement de position des pieds, sont expliqués aux pages 38 et 39), il vous faudra mettre au point votre configuration de façon qu'elle soit compatible avec vos dispositions personnelles et votre style de surf. La plupart des planches ont plusieurs trous filetés permettant d'ajuster l'écartement des pieds et l'emplacement des fixations, et presque toutes les fixations sont dotées d'un disque rotatif incorporé à la plaque permettant de régler leur angle.

Vous aurez besoin d'un tournevis Phillips et d'une ou deux clés Allen, et il vaudrait la peine que vous acquériez quelques connaissances de base en ce qui concerne l'écartement des pieds, l'emplacement des fixations et leur angle.

L'ÉCARTEMENT des pieds est la distance entre le pied avant et le pied arrière.

■ Un bon écartement équivaut à environ 30 % de votre grandeur (la distance entre vos pieds devrait équivaloir à peu près à la largeur de vos épaules).

■ Pour les surfeurs de *freestyle*, la distance doit être un peu plus grande, soit environ 48 à 61 cm (18 à 24 po).

■ Une distance plus grande réduira l'inertie de rotation de la planche et facilitera l'exécution de diverses figures acrobatiques tels les sauts et les rotations.

■ Si vous optez pour une configuration à plaque, cette distance devrait être un peu plus étroite, environ 38 à 46 cm (15 à 18 po), pour maximiser la forme et la souplesse de la planche dans les virages coupés.

■ Une bon point de référence pour les planches de *freeride* serait entre 43 et 51 cm (17 et 20 po).

L'EMPLACEMENT des fixations renvoie à l'emplacement du point central entre vos fixations par rapport au centre de la planche. Puisque les planches de *freestyle* sont généralement réversibles, son emplacement est d'ordinaire au centre et chacune des fixations est fixée à la même distance de l'extrémité correspondante.

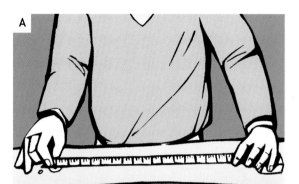

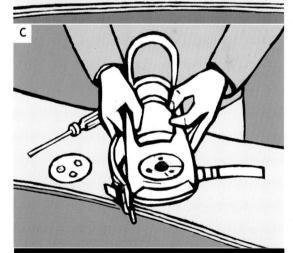

COMMENT POSITIONNER LES FIXATIONS SUR LA PLANCHE AVANT LE MONTAGE :

A L'ÉCARTEMENT DES PIEDS DEVRAIT ÉQUIVALOIR À LA LARGEUR DES ÉPAULES.

B L'EMPLACEMENT DES FIXATIONS DOIT D'ABORD TENIR COMPTE DE L'EMPLACEMENT DU CENTRE OU SE SITUER LÉGÈREMENT VERS L'ARRIÈRE.

C L'ANGLE DES FIXATIONS DEVRAIT ÊTRE PLUS FAIBLE (DIRECTEMENT À TRAVERS LA LONGUEUR DE LA PLANCHE) POUR LE *FREESTYLE* ET PLUS FORT (VERS LA SPATULE) POUR UNE POSITION DE *CARVING* PLUS ÉTROITE.

■ Cet emplacement central permet au surfeur de profiter pleinement de la capacité de la planche en marche avant ou en *fakie*.

■ La plupart des adeptes de *freeride* et de *carving* préfèrent une position située à 2,5 cm (1 à 2 po) derrière le centre.

■ Placez ainsi les fixations, c'est-à-dire « derrière le centre » (en position directionnelle), fonctionne bien avec l'arc de flexion d'une planche directionnelle et aide à conserver la spatule haut sur la poudreuse.

L'ANGLE des fixations concerne l'angle des fixations par rapport à l'axe longitudinal de la planche, 0 de-

gré représentant une ligne qui serait perpendiculaire à la longueur de la planche (voir le tableau ci-dessous).

■ Votre fixation arrière devrait généralement être montée à un angle moins aigu que celui de la fixation avant.

■ Les adeptes de *freestyle* devraient commencer avec un angle se situant entre 0 et 15 degrés (A).

■ Les adeptes de *freeride* commencent généralement avec un angle de 30 degrés en avant et d'environ 15 degrés en arrière (B).

■ Les surfeurs alpins doivent composer avec des planches étroites et des changements de carres rapides, par conséquent visent 55 degrés en avant et 50 degrés en arrière (C).

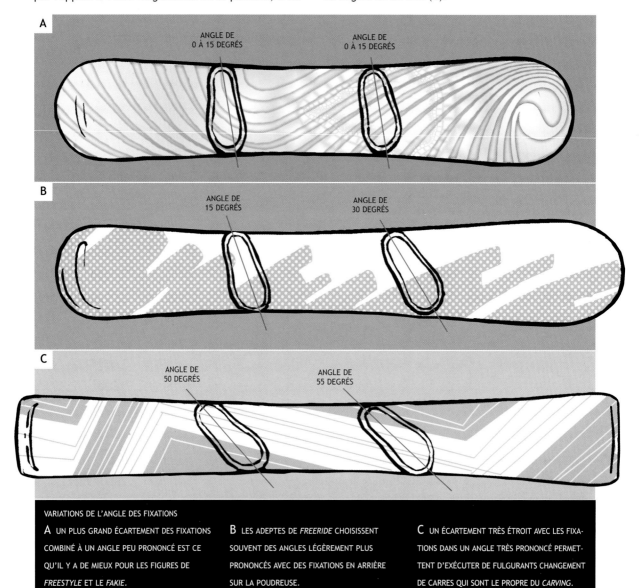

A
ANGLE DE 0 À 15 DEGRÉS
ANGLE DE 0 À 15 DEGRÉS

B
ANGLE DE 15 DEGRÉS
ANGLE DE 30 DEGRÉS

C
ANGLE DE 50 DEGRÉS
ANGLE DE 55 DEGRÉS

VARIATIONS DE L'ANGLE DES FIXATIONS

A UN PLUS GRAND ÉCARTEMENT DES FIXATIONS COMBINÉ À UN ANGLE PEU PRONONCÉ EST CE QU'IL Y A DE MIEUX POUR LES FIGURES DE *FREESTYLE* ET LE *FAKIE*.

B LES ADEPTES DE *FREERIDE* CHOISISSENT SOUVENT DES ANGLES LÉGÈREMENT PLUS PRONONCÉS AVEC DES FIXATIONS EN ARRIÈRE SUR LA POUDREUSE.

C UN ÉCARTEMENT TRÈS ÉTROIT AVEC LES FIXATIONS DANS UN ANGLE TRÈS PRONONCÉ PERMETTENT D'EXÉCUTER DE FULGURANTS CHANGEMENT DE CARRES QUI SONT LE PROPRE DU *CARVING*.

■ Les adeptes de *carving* devraient réduire l'angle de chacune des fixation de 10 degrés au début.

Réglage des fixations

Une fois les fixations installées, vous devrez mettre au point votre configuration pour maximiser leur confort et leur performance. La plupart des fixations ont leur propre système de réglage, vous n'aurez donc pas de mal à trouver les vôtres.

Commencez par l'INCLINAISON AVANT (le degré d'inclinaison du support arrière).

■ Augmenter l'inclinaison vous donnera plus d'effet de levier et plus de réactivité dans les virages carre côté talon. Cela vous forcera aussi à plier les genoux, pour assurer une bonne position de surf.

■ N'exagérez pas, trop d'inclinaison vous fera trop plier les genoux, ce qui sollicitera grandement vos quadriceps et réduira votre capacité à exécuter facilement le virage.

■ Avec la plupart des fixations pour chaussures souples, il suffit généralement de changer la position d'un pièce en plastique située derrière le support arrière pour régler l'inclinaison avant.

FAIRE PIVOTER LE SUPPORT ARRIÈRE est aussi simple à faire si la fixation le permet. Si c'est le cas, il y aura des fentes sur les charnières, là où le support arrière est attaché à la plaque.

■ Desserrez les boulons et faites pivoter le support de manière qu'il soit parallèle à la carre côté talon.

■ Cette opération rendra les virages côté talon plus mordant que si le support arrière demeurait en ligne avec la plaque.

RÉGLER LA SANGLE exige généralement de la déboulonner de la plaque et de la déplacer vers l'avant ou l'arrière de la fixation (s'il est possible de le faire, la plaque montrera d'autres trous).

■ Déplacer les sangles plus haut sur le pied améliore le contrôle. D'un autre côté, si vous les placez plus bas, vous augmenterez votre souplesse.

■ La sangle du bout de la fixation devrait passer au niveau de la base des orteils et retenir solidement à plat l'extrémité de la chaussure.

■ Il est aussi possible de changer la longueur de la sangle pour qu'elle s'ajuste à la taille de votre pied. S'il vous faut tirer pour obtenir un ajustement

serré, raccourcissez-la en l'attachant à la plaque plus loin sur la longueur de la sangle. La plupart des sangles prévoient des trous supplémentaires exprès.

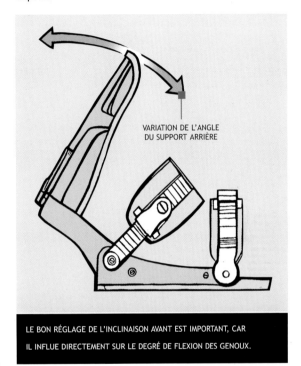

VARIATION DE L'ANGLE DU SUPPORT ARRIÈRE

LE BON RÉGLAGE DE L'INCLINAISON AVANT EST IMPORTANT, CAR IL INFLUE DIRECTEMENT SUR LE DEGRÉ DE FLEXION DES GENOUX.

Fartage et mise au point: entretien de la planche

Pensez à votre *snowboard* comme à une forme de transport; tout comme votre voiture ou votre bicyclette, il a besoin d'entretien pour conserver sa douceur de glisse.

Ce n'est qu'une question de temps. Tôt ou tard, le fart s'en va, les carres s'émoussent et un jour ou l'autre, vous passez sur une branche ou une pierre, et voilà que la semelle de votre planche est rayée. Vous pourriez simplement la faire farter et remettre en état de temps en temps en l'apportant à l'atelier de réparation, mais apprendre comment le faire vous-même vous fera épargner temps et argent.

Les outils nécessaires à l'entretien de base n'exigeront qu'un léger déboursé initial de votre part. Vous possédez sans doute déjà quelques-uns des outils à la maison. Plusieurs réparations complexes requièrent un réparateur professionnel et un équipement spécialisé, mais pour l'entretien de tous les jours, les conseils figurant au verso vous permettront de faire une mise au point parfaitement comparable à celle d'un atelier de réparation.

A ESSUYEZ BIEN VOS CARRES ET SERVEZ-VOUS D'UNE GOMME ABRASIVE POUR LES PRÉPARER À L'AFFÛTAGE.

B FARTER VOTRE PLANCHE EST FACILE ET SIMPLE ET CELA AMÉLIORE SA PERFORMANCE.

L'affûtage des carres

Pour commencer, trouvez un endroit où vous pourrez travailler sans craindre de salir la pièce. Un garage serait idéal. Étendez des journaux par terre pour recueillir les particules qui tomberont.

Ce dont vous aurez besoin : une lime et un guide-lime, un chiffon ou une serviette, une gomme abrasive ou un outil pour ébarber les carres, c'est-à-dire enlever une partie du « mordant » des carres après l'affûtage. Bien que l'usage d'un étau soit idéal pour tenir la planche, vous pouvez facilement la tenir entre vos genoux, carres au-dessus.

■ Premièrement, essuyez les carres à l'aide d'un chiffon. Ensuite, passez une gomme à ébarber le long des carres pour les rendre plus lisses et enlever les fragments de métal pouvant provenir de rayures faites dans la semelle. Vous êtes maintenant prêt à aiguiser les carres.

■ Rappelez-vous que chacune des carres a deux côtés : le côté semelle et le côté chant. Commencez par le côté chant.

■ Lorsque vous commencerez à limer, assurez-vous que la lime reste parfaitement à plat le long de la carre et que vos coups sont répartis également. C'est ici que le guide-lime trouve son utilité.

■ En vous servant du guide-lime pour bien tenir la lime à angle droit, passez celle-ci doucement sur la carre, dans le sens de la longueur, jusqu'à ce que la carre semble lisse. Retirez l'excès de limaille sur la lime de temps en temps.

■ Quelques coups de lime devraient faire l'affaire ; rappelez-vous que le métal des carres n'est pas très épais, il vaut donc mieux ne pas trop en enlever.

■ Une fois satisfait du travail accompli sur le côté chant, répétez le procédé sur le côté semelle, ensuite faites l'autre côté de la planche.

Le *detuning*

Vous devrez peut-être émousser vos carres une fois qu'elles seront affûtées pour améliorer vos performances.

■ Essentiellement, cela consiste à arrondir l'angle droit créé par l'affûtage, ce qui empêche la carre de s'enfoncer dans la neige.

■ Enlever une partie du « mordant » des carres réduira les risques de la voir s'enfoncer dans la neige, ce qui pourrait vous faire chuter.

■ L'angle de la plupart des guides-limes est réglable, ce qui permet de s'en servir pour émousser les carres.

■ Réglez le guide-lime à environ un degré et, délicatement, passez la lime sur la carre dans le sens de la longueur.

■ Encore une fois, rappelez-vous que vous pourrez toujours émousser davantage vos carres ultérieurement si besoin est, si vous limez trop, il n'y a pas de retour possible.

Le fartage

Il est indispensable que vous fartiez votre planche ; le fart protège la semelle et procure un maximum de glisse. Vous devriez farter votre planche chaque fois que la semelle semble sèche ou lorsque les conditions changent (il existe plusieurs types de fart selon la température et la composition de la neige).

Lorsque que vous aurez compris combien il est facile de farter votre planche, vous vous demanderez comment vous avez pu payer quelqu'un pour le faire.

Ce dont vous aurez besoin pour commencer : un chiffon ou une serviette, du fart pour *snowboard*, un fer (un vieux fer dont vous ne vous servez plus car, une fois que vous l'aurez trempé dans le fart, vous ne pourrez plus l'utiliser sur des vêtements), et un grattoir en plastique. Comme c'est le cas pour l'affûtage, c'est un travail salissant. Par conséquent, préparez-vous.

■ Chauffez le fer à la température moyenne. Déposez la planche par terre, semelle vers le haut, et essuyez celle-ci à l'aide d'un chiffon ou d'une serviette pour en retirer la saleté.

■ Une fois le fer chaud, tenez-le au-dessus de la planche, pointe penchée, et pressez le fart sur le métal.

■ Lorsque le fart commence à dégoutter, faites exécuter un mouvement de va-et-vient au fer sur la

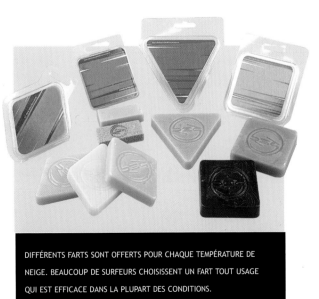

DIFFÉRENTS FARTS SONT OFFERTS POUR CHAQUE TEMPÉRATURE DE NEIGE. BEAUCOUP DE SURFEURS CHOISISSENT UN FART TOUT USAGE QUI EST EFFICACE DANS LA PLUPART DES CONDITIONS.

semelle pour permettre aux gouttelettes de couvrir la majeure partie de la planche.

■ Maintenant, passez le fer sur la semelle une autre fois et lissez le fart jusqu'à ce qu'il couvre entièrement la surface.

■ Comme lorsque vous repassez une chemise, faites attention de ne pas laisser le fer trop longtemps au même endroit.

■ Une fois la semelle enduite, laissez le fart refroidir une heure ou deux (toute la nuit si possible) pour permettre aux fibres de la planche de l'absorber.

■ Ensuite, prenez le grattoir, passez-le dans le sens de la largeur et enlevez le surplus de fart.

■ Passez le balai, nettoyez la pièce et vous voilà prêt à vous élancer.

Comment réparer les rayures dans la semelle

Elles sont inévitables, peu importe les mesures que vous prendrez pour les éviter ; un jour ou l'autre, vous raierez la semelle de votre planche. Les rayures peuvent varier de simples égratignures à de profonds sillons qui auront un effet sur les carres et atteindront le cœur même de la planche. Il est possible de réparer ce type

de dommage à la maison, mais il vaut mieux confier votre planche à une personne qualifiée qui possèdent les bons outils permettant de bien la réparer.

■ Ajouter du polyéthylène (P-tex) sur la semelle implique de faire fondre une bougie P-tex et de remplir le sillon, ensuite de bien niveler et sabler l'endroit pour qu'il soit au même niveau que le reste de la planche. Il est difficile cependant de verser goutte à goutte le mélange fondant d'une bougie allumée sans que des résidus noirs de carbone ne viennent tacher la planche. On réussira à remplir le sillon, mais la planche risque d'en prendre un coup côté esthétique. Les vapeurs de plastique fondu peuvent aussi être dangereuses lorsque inhalées et une goutte tombant accidentellement sur la peau peut causer une douloureuse blessure.

■ La plupart des ateliers de réparation ont des outils spéciaux qui fondent le P-tex sans le brûler. Un atelier bien équipé a aussi des chances d'avoir une meuleuse informatisée pour restaurer parfaitement la semelle une fois les sillons remplis. La réparation de rayures est une spécialité qu'il vaut mieux laisser aux professionnels.

AVANT DE RANGER VOTRE PLANCHE POUR LA MORTE-SAISON, ESSUYEZ LA SEMELLE À L'AIDE D'UN CHIFFON PROPRE POUR ENLEVER LA SALETÉ QUI S'Y EST ACCUMULÉE, PUIS ENDUISEZ-LA D'UNE BONNE COUCHE DE FART POUR TEMPS DOUX.

DANS LA PLUPART DES RÉGIONS DU MONDE, le surf des neiges est un sport saisonnier. Pendant une bonne partie de l'année, votre planche accumulera la poussière jusqu'à la prochaine tempête de neige, tandis que vous attendrez avec impatience que la saison morte prenne fin.

Quelques surfeurs seront peut-être tentés de chausser leur planche et d'esquisser quelques mouvements dans la salle de séjour à quelques reprises au cours de l'été, mais la plupart pensent à la ranger en toute sécurité jusqu'à l'année suivante.

Ranger votre planche : quelques conseils

■ D'abord, nettoyez votre planche avec un solvant à base de citron pour enlever la poussière et la saleté.

■ Appliquez une couche de fart pour temps doux (jaune) sur la semelle de la planche pour la protéger. Vous pouvez laisser le surplus de fart sur la semelle et attendre à la saison suivante pour la niveler et la polir.

■ Finalement, utilisez un lubrifiant à base d'huile comme du WD-40 ou un lubrifiant synthétique comme ce dont on se sert pour la chaîne des bicyclettes et appliquez-en une couche très mince sur les carres à l'aide d'un chiffon pour les empêcher de rouiller. Faites attention de ne pas mettre d'huile sur les chants et la semelle de la planche.

■ Mettez votre planche dans un sac conçu à cet effet ou enveloppez-la dans un drap propre et rangez-la dans un endroit frais et sec. Si possible, rangez-la sur une étagère de plafond.

■ Assurez-vous que vos chaussures soient complètement sèches avant de les ranger, surtout si elles sont en cuir et que vous avez l'intention de les mettre dans un sac en toile pour *snowboard*. Il serait aussi sage de passer un coup de chiffon sur vos fixations et d'attacher les sangles.

■ Lorsque la saison approche, enlevez le surplus de fart, essuyez vos carres impeccables, utilisez une gomme abrasive pour les polir et vérifiez tous les boulons des fixations au cas où ils se seraient desserrés.

Ensuite, tout ce dont vous avez besoin, c'est votre planche, vos vêtements et de la neige pour vous attaquer à une autre enivrante saison sur les pentes.

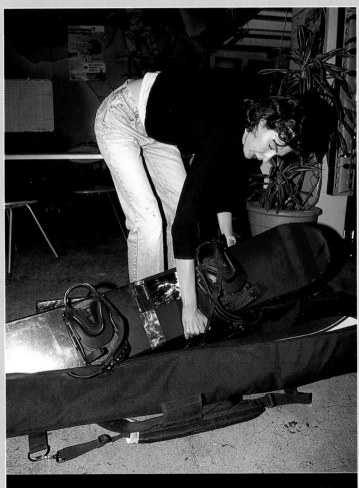

LES SACS POUR *SNOWBOARD* NE SONT PAS SEULEMENT SUPER POUR VOYAGER, ILS GARDENT AUSSI VOTRE PLANCHE PROPRE ET SÈCHE DURANT LA SAISON MORTE.

Vêtements et accessoires

On peut sans doute pardonner aux néophytes de penser que le code vestimentaire du surfeur se résume au style ; après tout n'ont-ils pas droit d'être élégants ? Mais, comme pour bien des choses, le look n'est pas tout. Les meilleurs vêtements de *snowboard* sont conçus pour être fonctionnels. Le confort constitue un aspect important, ce qui veut dire des vêtements qui ne gêneront pas les mouvements et seront quand même chauds et secs.

Ce qui est tout aussi important que le confort, c'est savoir comment tirer parti de la superposition des différentes épaisseurs de vêtements pour être suffisamment protégé contre le froid (un postérieur mouillé ou des doigts gelés décourageront les esprits les mieux intentionnés).

Choisir les bons vêtements vous fera apprécier le *snowboard* et mieux utiliser votre temps précieux sur les pentes, ce qui évitera que vous n'ayez à aller vous réchauffer à l'auberge.

Les vêtements de dessus

Le surf des neiges sollicite tout le corps et non seulement les hanches et les jambes, et les vêtements bien conçus tiennent compte de cette mobilité physique. Cherchez des vêtements amples — un peu plus d'espace est synonyme de liberté de mouvement, tandis que les pantalons et les blousons plus *baggy* offrent beaucoup d'espace aux épaisseurs isolantes en dessous.

Un blouson plus long empêchera la taille d'entrer en contact avec la neige lorsque vous surfez sur de la poudreuse ou que vous faites une mauvaise chute. Cependant, n'allez pas trop loin de ce côté, car des vêtements trop amples pourraient vous nuire. Il vaut mieux vous en tenir à peu près à la taille que vous choisiriez normalement. Les vêtements de dessus de

qualité sont conçus pour stopper les rigueurs du climat à l'extérieur et permettre à l'excès d'humidité produit par la chaleur du corps de s'évaporer. Ce processus d'évacuation isole le corps du froid, du vent et de l'humidité, conserve sa propre chaleur et élimine la transpiration.

Types de tissus

Les tissus qui « respirent » sont généralement synthétiques ou à base de nylon et sont enduits d'une couche de polyuréthanne. Les meilleures marques mettent les tissus synthétiques en vedette, lesquels favorisent, à

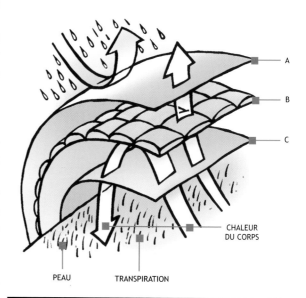

CHALEUR DU CORPS

PEAU   TRANSPIRATION

schéma COMMENT LA SUPERPOSITION DES ÉPAISSEURS ASSURE L'ISOLATION

A ÉPAISSEUR EXTÉRIEURE : L'ÉTOFFE EXTÉRIEURE, HYDROFUGE, PERMÉABLE À L'AIR REPOUSSE LE FROID ET L'HUMIDITÉ.

B ÉPAISSEUR DU MILIEU : DES PANTALONS OU UNE CHEMISE DE TISSUS SYNTHÉTIQUE OU DE LAINE, SUIVIES D'UN BLOUSON OU D'UNE VESTE ET DE PANTALONS MOLLETONNÉS ACCROISSENT L'ISOLATION.

C ÉPAISSEUR INTÉRIEURE : UNE CHEMISE ET DES LEGGINGS EN POLYPROPYLÈNE FONT S'ÉVAPORER L'HUMIDITÉ ET GARDE LA PEAU SÈCHE.

ci-contre LES VÊTEMENTS DE *SNOWBOARD* DOIVENT ÊTRE CONFORTABLES ET FONCTIONNELS POUR PROTÉGER LES SURFEURS DES CAPRICES DE DAME NATURE ET PERMETTRE LA LIBERTÉ DE MOUVEMENT.

Vêtements de surf indispensables

A LES PANTALONS CARGO ONT DES GANSES POUR LES CLÉS ET LES TICKETS DE REMONTE-PENTE.

B LES PANTALONS POUR FEMME SONT POURVUS D'UNE CEINTURE COULISSANTE.

C LES PANTALONS DE STYLE SALOPETTE AVEC GUÊTRES SONT IDÉALS EN NEIGE PROFONDE.

D LES BLOUSONS MOLLETONNÉS LÉGERS ET PERMÉABLES À L'AIR OFFRENT CONFORT ET CHALEUR.

E LES PULLS EN V FONT UNE ÉPAISSEUR MÉDIANE CONFORTABLE ET REMPLAÇABLE.

F LES BLOUSONS AVEC CAPUCHON FONT DÉVIER LA NEIGE ET CONSERVE LA CHALEUR À L'INTÉRIEUR.

G LES GANTS COURTS À DOUBLURE MOLLETONNÉE AMOVIBLE SONT DURABLES ET À L'ÉPREUVE DE L'EAU.

H LES GANTS MOLLETONNÉS À L'ÉPREUVE DU VENT ONT DES PAUMES ET DES DOIGTS RENFORCÉS.

I LES MITAINES SONT DOTÉES D'UNE DOUBLURE MOLLETONNÉE AMOVIBLE.

vrai dire, le processus d'évaporation et sont à la fois pratiques et confortables à porter. Les surfeurs — particulièrement les débutants — passent beaucoup de temps dans la neige sur les genoux ou le postérieur. Les pantalons de *snowboard* sont conçus dans l'intention de parer ces inconvénients. Une bonne paire de pantalons sera dotée de genoux et d'un fond renforcés. Ce « blindage » empêche la neige mouillée de pénétrer et de tremper les épaisseurs sous-jacentes.

Superposition des épaisseurs

Pour favoriser le confort sur les pentes, il est suggéré de porter plusieurs épaisseurs sous le blouson extérieur hydrofuge plutôt qu'une seule pièce de vêtement

épaisse. La superposition permet au surfeur de s'adapter aux changements soudains de température en enlevant une épaisseur (une descente matinale sur une pente ombragée, par exemple, sera sûrement plus froide que la traversée d'une clairière sous le soleil) et de mieux se préparer aux épisodes de surchauffe quand il décide de pousser à fond.

Le plus important toutefois est qu'une bonne répartition des épaisseurs de vêtements vous permettra de tirer profit du « processus d'évaporation ». Idéalement, vous devriez toujours essayer de porter trois épaisseurs de vêtements, à savoir une épaisseur thermique intérieure, une épaisseur médiane et une « coque » extérieure (voir le schéma p. 30).

COMMENT FONCTIONNE LE PROCESSUS DE SUPERPOSITION

A L'ÉPAISSEUR INTÉRIEURE CONSERVE LA CHALEUR DU CORPS ET ÉVACUE L'HUMIDITÉ DE LA PEAU.

B L'ÉPAISSEUR DU CENTRE FOURNIT PLUS D'ISOLATION ET TRANSFÈRE L'HUMIDITÉ À L'ÉPAISSEUR EXTÉRIEURE.

C L'ÉPAISSEUR EXTÉRIEURE PROTÈGE LE CORPS DES CAPRICES DE LA NATURE ET CHASSE L'EXCÈS D'HUMIDITÉ.

ÉPAISSEUR INTÉRIEURE : il s'agit de la première épaisseur de vêtement qui recouvre la peau. Elle devrait vous couvrir de la tête aux orteils et comprendre une partie supérieure à manches longues, des chaussettes et des *leggings* pleine longueur.

■ L'épaisseur thermique intérieure chasse l'excès d'humidité de la peau et protège le corps du froid en le gardant au sec. Elle sert aussi à conserver la chaleur du corps et tient donc le surfeur au chaud.

■ Les tissus synthétiques (par exemple le polypropylène) sont les plus efficaces pour effectuer ce travail. Évitez cependant les vêtements de coton car, une fois trempés, leur cœfficient d'isolation est nul. Parce qu'ils absorbent aussi l'eau, ils pourraient même, à vrai dire, vous refroidir.

ÉPAISSEUR MÉDIANE : elle consiste en deux sous-épaisseurs, à savoir, un vêtement synthétique léger ou en laine porté sous un blouson ou une veste et un pantalon molletonné.

■ Ces épaisseurs accroissent l'isolation en emprisonnant la chaleur corporelle. Le molleton constitue un bon choix parce qu'il « respire ». Il agit ainsi comme une voie d'évacuation de l'humidité vers l'épaisseur extérieure de vêtement.

■ Si vous désirez enlever une épaisseur sous des conditions de température clémentes, choisissez de

retirer le vêtement de laine ou de tissu synthétique. Comme pour l'épaisseur intérieure, vous devriez à tout prix éviter de porter des vêtements de coton.

ÉPAISSEUR EXTÉRIEURE : cette « coque », constituée de tissu synthétique, est conçue pour stopper l'humidité de la neige et vous protéger contre les caprices de la nature tout en laissant s'échapper la chaleur créant la transpiration. L'épaisseur extérieure devrait comprendre un blouson et un pantalon à l'épreuve de l'eau et du vent. Vous ne devez jamais sous-estimer le facteur de refroidissement éolien, car même une brise légère peut rapidement faire descendre la température du corps.

■ Assurez-vous de choisir un vêtement extérieur perméable à l'air pour être bien protégé contre la neige, le vent et la pluie.

■ La capacité de « respiration » de l'épaisseur extérieure est importante, car celle-ci chasse l'excès d'humidité transféré des épaisseurs intérieures.

■ De nombreux ensembles sont dotés de fentes à fermeture éclair qui secondent le processus en laissant le surplus de chaleur et d'humidité s'échapper entre les descentes ou lorsque vous vous reposez.

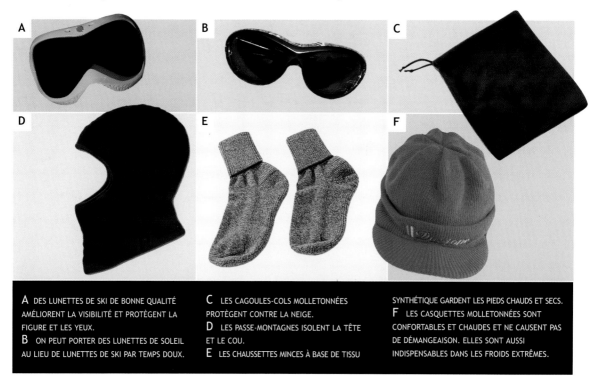

A DES LUNETTES DE SKI DE BONNE QUALITÉ AMÉLIORENT LA VISIBILITÉ ET PROTÈGENT LA FIGURE ET LES YEUX.
B ON PEUT PORTER DES LUNETTES DE SOLEIL AU LIEU DE LUNETTES DE SKI PAR TEMPS DOUX.

C LES CAGOULES-COLS MOLLETONNÉES PROTÈGENT CONTRE LA NEIGE.
D LES PASSE-MONTAGNES ISOLENT LA TÊTE ET LE COU.
E LES CHAUSSETTES MINCES À BASE DE TISSU

SYNTHÉTIQUE GARDENT LES PIEDS CHAUDS ET SECS.
F LES CASQUETTES MOLLETONNÉES SONT CONFORTABLES ET CHAUDES ET NE CAUSENT PAS DE DÉMANGEAISON. ELLES SONT AUSSI INDISPENSABLES DANS LES FROIDS EXTRÊMES.

Articles indispensables

Plusieurs autres éléments, et non des moindres, devraient toujours se retrouver sur votre liste de vêtements de *snowboard*. On ne parle pas tout bonnement de produits de luxe ou d'accessoires optionnels, mais d'articles indispensables.

Les GANTS sont indispensables à tout adepte de sport d'hiver et devraient être faits de matériel solide et durable. Ils protègent les mains du froid et de l'humidité. Choisissez des gants de *snowboard* à l'épreuve de l'eau dont la doublure est molletonnée ou constituée d'un autre matériel isolant synthétique (généralement amovible pour qu'on puisse la faire sécher facilement) que vous utiliserez avec des mitaines ou d'autres gants en nylon. Si vous avez les mains gelées, les mitaines sont plus chaudes que les gants.

■ La plupart des gants couvrent la moitié de l'avant-bras pour éviter que la neige ne pénètre sous le blouson et certains sont même dotés d'un cordonnet pour une protection accrue.

■ Choisissez des gants dont la paume et le bout des doigts sont renforcés pour éviter qu'ils ne s'usent trop vite.

Un BONNET (fait de tissus synthétiques) aide à retenir la chaleur du corps et protégera aussi vos oreilles et votre cou du vent et de froid. C'est à cet endroit que l'hypothermie s'installe (température corporelle anormalement basse); par conséquent, il est sage de se couvrir la tête.

Les CHAUSSETTES sont essentielles pour ne pas avoir froid aux pieds, pour que ceux-ci restent

POUR ÊTRE CERTAIN DE NE PAS COURIR DE RISQUES ET ÊTRE À L'AISE, IL EST AUSSI IMPORTANT DE PORTER DE BONS VÊTEMENTS DE PROTECTION QUE D'UTILISER LE BON ÉQUIPEMENT.

secs et que vous soyez à l'aise dans vos chaussures.

■ Rappelez-vous que les chaussures souples sont déjà isolées; par conséquent, des chaussettes synthétiques minces constituent un bon choix.

■ Des chaussettes très épaisses favorisent la transpiration et les pieds perdent plus rapidement leur chaleur.

Les LUNETTES DE SKI protègent les yeux des dangereux rayons ultraviolets (UV) et réduisent l'éclat aveuglant de la neige quand il fait soleil.

■ Par temps neigeux, les lunettes de ski protègent aussi les yeux des bourrasques et améliorent la visibilité générale.

■ Comme elles couvrent presque tout le visage, elles offrent une bonne protection contre les coups de soleil et le vent.

■ Si les lunettes vous rendent claustrophobe, portez plutôt de bonnes lunettes de soleil qui filtrent 100 % des nuisibles rayons UVB.

La CAGOULE-COL peut être glissée par-dessus la partie inférieure du visage et ainsi améliorer la protection dans les grands froids ou les grands vents.

Conseils d'achat

■ Ne vous fiez pas à l'apparence ou aux étiquettes car elles ne sont pas garantes de la qualité.

■ Lisez les étiquettes et vérifiez quel matériel a été utilisé. Demandez conseil au personnel en cas d'hésitation.

■ Assurez-vous que le vêtement extérieur est vraiment hydrofuge. S'il a besoin d'être traité ultérieurement, ce n'est probablement pas le meilleur choix.

■ Assurez-vous que les coutures et l'exécution du travail sont de qualité supérieure. Vérifiez si les coutures des vêtements ont été renforcées.

■ Finalement, essayez toujours vos vêtements avant de les acheter.

Les premiers pas

Les surfeurs de la première heure se donnèrent du mal pour apprendre à maîtriser le *snowboard*. Au début, les experts se faisaient rares et peu de stations de ski offraient des cours, si rudimentaires fussent-ils. Les novices n'avaient d'autre choix que de chausser leur *snow* et se lancer à l'assaut des pentes, se fiant, au mieux, aux quelques conseils que leur avaient donnés d'autres mordus de surf.

Par bonheur, ces pionniers ont persévéré et grâce à eux, le *snowboard* a pu évoluer. De nos jours, le scénario est beaucoup plus stimulant puisque la plupart des stations de ski sont ouvertes au *snowboard*, ont des écoles reconnues et des instructeurs qualifiés, ce qui veut dire qu'apprendre à surfer est devenu plus amusant et moins risqué.

L'une des principales raisons pour lesquelles le surf des neiges attire les gens — outre le fait qu'il s'agit d'une aventure sportive exhaltante —, c'est sa courbe d'apprentissage. La plupart des instructeurs vous diront qu'il faut environ trois jours seulement pour apprendre la technique de base qui vous permettra de vous élancer sur les pistes. Le plus gros obstacle, sur la route du débutant, est d'accepter de glisser sur la planche avant de pouvoir la maîtriser car, curieusement, la planche est, en effet, vraiment plus facile à maîtriser lorsqu'elle est en mouvement.

Une fois que vous avez pris de l'assurance à glisser sur la planche, vous pouvez commencer à apprendre à vous servir des carres pour exécuter des traversées. Ensuite, vous passerez à différents mouvements de carres. Après avoir appris les manœuvres de base, vous serez prêt pour les enchaînements qui sont des techniques importantes en *snowboard*.

Vous serez stupéfait de constater combien il est facile de maîtriser les mouvements de base. Ne vous laissez pas décourager par les chutes. Rappelez-vous que la période d'apprentissage est courte comparativement aux avantages que vous en tirerez, qui sont de pouvoir maîtriser les techniques qui vous aideront à faire face aux divers terrains qui vous attendent un peu partout en montagne.

ci-contre PRATIQUER LES MOUVEMENTS DE BASE COMME L'ARRÊT ET LE DÉRAPAGE CÔTÉ TALON VOUS AIDERA À BÂTIR VOTRE CONFIANCE.

Soyez humble et prenez des leçons

Faites-vous une faveur, épargnez temps et énergie, prenez des leçons. La plupart des écoles de stations de ski vous facilitent la tâche en vous offrant des forfaits tout compris pour débutants comprenant une leçon, le ticket de remonte-pente et tout l'équipement requis à des prix très abordables. Certains forfaits de location comprennent même des genouillères et un protège-fesses pour minimiser l'impact de vos premières chutes. Il est essentiel que vous appreniez les techniques de la bonne manière dès le début. Imaginez qu'il s'agit d'un enregistrement : lorsque vous exécuterez ce premier virage correctement, votre cerveau l'enregistrera. Il enregistrera le mouvement et vous permettra de le repasser dans votre tête lorsque vous tenterez de répéter la manœuvre. Si vous apprenez seul au début et que de mauvaises techniques s'enracinent, vous aurez « enregistré » de mauvaises habitudes qui devront être « effacées » plus tard avant que vous n'appreniez la bonne méthode. Un instructeur qualifié établira rapidement le niveau de compétence et le degré d'entraînement dont vous avez besoin. Il ou elle sera en mesure de répondre à toutes vos questions et s'assurera que vos premiers pas en *snowboard* s'effectueront de la bonne manière pour que vous puissiez continuer.

L'importance des échauffements et des étirements

Que vous soyez débutant ou non, il est important de préparer les muscles à une journée de *snowboard*, ce qui veut dire faire au moins quelques exercices rapides d'échauffement et d'étirement.

Ces exercices amélioreront votre performance globale et diminueront grandement les risques de claquer un muscle. Vous aurez besoin d'augmenter votre fréquence cardiaque et d'activer votre circulation pour pomper du sang vers les muscles de vos jambes. Faites une marche rapide autour de l'auberge ou attaquez-vous à quelques séries de marches, ensuite faites quelques exercices de base pour assouplir vos quadriceps, vos ischio-jambiers et vos mollets avant de chausser votre planche (voir p. 75-77). Beaucoup d'adeptes font même une première descente lente et facile en guise d'exercice d'échauffement, puis s'arrêtent pour faire quelques exercices d'assouplissement de plus, avant de s'élancer à nouveau.

AVANT D'EFFECTUER UNE PREMIÈRE incursion en territoire inconnu, vous devrez trouver la position de pieds qui vous convient le mieux et qui vous permet d'être relaxe et à l'aise, en un mot la plus naturelle pour vous. Le pied avant est celui sur lequel vous devrez prendre appui pour que la planche descende ; par conséquent, il est indispensable de savoir lequel devrait le plus naturellement occuper cette position sur la planche. Même les surfeurs professionnels, qui sont aussi à l'aise en marche avant qu'en marche arrière, ont tendance à préférer leur propre position naturelle.

Votre position sur la planche est soit *regular*, soit *goofy* (quel terme !). Ces termes, empruntés au jargon du surf et du *skateboard*, décrivent tout simplement quelle position vous préférez. Les « réguliers » posent le pied gauche en avant, et les *goofy* le droit.

Trouver au début quelle position est plus naturelle pour vous épargnera beaucoup de temps et de frustration plus tard. Si vous prenez des leçons sans tenir compte de votre position naturelle, vous essaierez peut-être d'apprendre avec le mauvais pied en position avant, ce qui vous rendra la tâche inutilement difficile et frustrante.

Certaines personnes, surtout celles qui pratiquent le surf ou le *skateboard*, connaîtront déjà leur position naturelle. Si vous êtes dans l'incertitude, la méthode la plus simple et la plus communément utilisée pour la découvrir est d'effectuer une glissade sur une surface lisse, comme un plancher de bois dur par exemple, sur vos chaussettes et de remarquer quel pied a naturellement tendance à être en avant.

A

B

PIED GAUCHE EN AVANT

PIED DROIT EN AVANT

QUE VOUS SOYEZ *REGULAR* OU *GOOFY*, FAITES DES ESSAIS POUR ÊTRE CERTAIN QUE VOUS PRENEZ LA POSITION QUI VOUS SEMBLE LA PLUS NATURELLE.

A LA POSITION *REGULAR* SIGNIFIE QUE VOTRE PIED GAUCHE EST EN AVANT.

B SI VOUS ÊTES *GOOFY*, VOUS POSEZ LE PIED DROIT EN AVANT.

UNE FOIS QUE VOUS AVEZ TROUVÉ quelle position vous convient, *regular* ou *goofy*, et monté vos fixations en conséquence (voir p.23 -25), il vous faut commencer à pratiquer une bonne position de surf sur une surface plane.

■ Votre position de base est la position neutre à partir de laquelle tous les autres mouvements seront exécutés, voilà pourquoi il est si important de bien la posséder avant même de commencer l'apprentissage. Vous pouvez aussi prendre de l'avance, chausser votre planche à la maison et vous familiariser avec les mouvements de base avant d'en faire l'essai sur une pente.

■ Une fois sur la planche, vos genoux devraient être légèrement fléchis comme dans toute bonne position athlétique. Faites attention de ne pas froisser vos quadriceps, fléchissez-les juste assez pour que votre centre de gravité soit légèrement abaissé, votre équilibre s'en trouvera ainsi accru.

■ L'inclinaison avant du support arrière de vos fixations devrait, si elle est bien réglée, déterminer le degré de flexion des genoux que vous devriez adopter sur votre planche.

■ Votre poids doit être également réparti sur vos jambes, quoique légèrement plus concentré sur la jambe avant.

■ Gardez bien droit le haut du corps, relevez la tête et regardez devant vous, les bras et les jambes détendus de chaque côté du corps.

■ Rappelez-vous : le *snowboard* implique d'être constamment en mouvement, or vous y parviendrez plus facilement si vous essayez de vous détendre que si vous êtes crispé.

A MAUVAISE POSITION TROP INCLINÉE VERS L'ARRIÈRE

BONNE POSITION AVEC LE POIDS CENTRÉ

C MAUVAISE POSITION TROP INCLINÉE VERS L'AVANT

A MAUVAISE POSITION TROP INCLINÉE VERS L'ARRIÈRE.

B BONNE POSITION ASSURANT L'ÉQUILIBRE AVEC LE POIDS PARFAITEMENT CENTRÉ.

C MAUVAISE POSITION TROP INCLINÉE VERS L'AVANT.

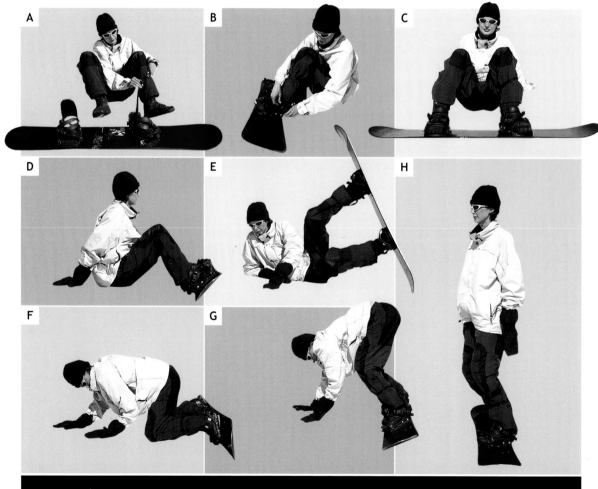

Chaussez la planche et se mettre debout

Lorsque vous serez prêt à chausser la planche (voir la séquence ci-dessous), déposez-la sur une flaque de neige plane et asseyez-vous de sorte que la planche soit devant vous côté talon vers vous.

Tout d'abord, attachez la lanière de sécurité autour de votre jambe avant pour éviter que la planche ne s'éloigne de vous (A) ; ensuite, enlevez toute accumulation de neige sur les fixations et sous les semelles de vos chaussures. Commencez par chausser la fixation avant. Mettez votre pied dedans, attachez la sangle de cheville, assez serrée pour que votre chaussure soit solidement appuyée contre le blocage talon. Une fois la sangle de cheville attachée, attachez solidement la sangle du bout du pied (B). Si vos fixations sont dotées d'une troisième sangle à la partie inférieure du mollet, attachez-la la dernière.

Répétez la marche à suivre pour le pied arrière jusqu'à ce que les deux pieds soient bien fixés à la planche(C). Vous êtes maintenant prêt à vous mettre debout (D).

Pour vous lever, commencez par effectuer une rotation sur vos genoux en projetant votre planche en l'air avec votre pied avant (E). Ensuite, dans un mouvement de torsion du corps, roulez sur vos mains et genoux de manière à ce que le côté pointes de la planche touche le sol (F). Une fois cette manœuvre accomplie, servez-vous de vos mains pour vous redresser progressivement en maintenant les genoux fléchis (G), enfin poussez sur vos mains jusqu'à ce que vous soyez en position debout (H). Vous êtes maintenant prêt à apprendre comment bouger sur une surface plane.

■ Les deux pieds ne devraient être sanglés dans les fixations que lorsque vous êtes au sommet d'une pente et prêt à descendre.

IL EST FACILE DE CHAUSSER LA PLANCHE ET DE SE METTRE DEBOUT UNE FOIS LA TECHNIQUE DE BASE CONNUE.

■ Lorsque vous chaussez la planche au pied de la montagne pour vous diriger vers le remonte-pente, laissez toujours votre pied arrière libre. Vous serez ainsi assuré de pouvoir vous déplacer sur les surfaces plates.

Se déplacer sur du plat

Vous déplacer sur du plat est une autre technique que vous devrez maîtriser. Vous devrez le faire lorsque vous changerez de remonte-pente à mi-montagne, vous rendre de l'auberge au remonte-pente ou lorsque vous essaierez de vous remettre en mouvement après vous être fait prendre dans un *cat track* (un endroit trop peu incliné pour vous garder en mouvement). Bien qu'elle puisse sembler disgracieuse au début, cette technique de déplacement sur le plat est beaucoup plus efficace que de se déchausser et marcher. La pratiquer vous aidera aussi à apprivoiser le mouvement de glisse vers l'avant sur le plat avant d'essayer d'exécuter les mêmes mouvements sur une pente douce.

Glisser sur du plat

■ Attachez le pied avant dans sa fixation et laissez le pied arrière libre. Faites votre essai loin des regards, dans un endroit tranquille et sur terrain plat.

■ En prenant appui sur le pied avant, donnez-vous un élan avec le pied arrière, comme vous le feriez sur un *skateboard* ou une patinette.

■ Commencez par de très petits pas et augmentez progressivement en vous rappelant que vous ne devez jamais poser le pied libre devant celui dans la fixation.

■ Une fois que vous vous sentirez à l'aise avec les mouvements, essayez de parcourir une plus grande distance de glisse en vous aidant de votre pied libre, puis placez-le sur le repose-pied et lassez-vous aller jusqu'à ce que vous vous immobilisiez.

La descente

Une fois que vous aurez pris de l'assurance à glisser sur la planche et sur le plat, vous serez prêt à faire un essai de courte distance sur une petite pente. La descente est la première chose à laquelle vous vous attaquez en *snowboard* alpin et elle s'effectue avec le pied avant dans la fixation et le pied arrière sur le repose-pied. Effectuer une première descente améliorera votre contrôle et vous fera prendre de l'assurance en ce qui concerne l'appui en pareille circonstance, ce qui est particulièrement important lorsque vous commencez à apprendre comment vous servir des carres pour contrôler votre direction de glisse.

glisser sur du plat SE DÉPLACER SUR DU PLAT PEUT SEMBLER DISGRACIEUX, MAIS CELA VOUS PERMET DE VOUS RENDRE D'UN POINT À UN AUTRE.

glisser PRATIQUER D'ABORD SUR DU PLAT AVANT D'ESSAYER SUR UNE PENTE DOUCE.

gravir une pente LORSQUE VOUS GRAVISSEZ UNE PENTE, IL EST IMPORTANT DE GARDER LA PLANCHE PERPENDICULAIRE À LA PENTE.

La ligne de pente

BIEN QUE CERTAINS DÉBUTANTS aient déjà pratiqué le ski ou un autre sport d'hiver, ce ne sont pas tous les surfeurs qui passent de l'un à l'autre. Si n'avez pas d'expérience sur les pentes enneigées, ne vous en faites pas, vous apprendrez très rapidement une fois que vous aurez commencé.

Au début, il est important d'avoir une connaissance pratique de la ligne de pente, une ligne imaginaire qui descend, bien droite, la partie la plus raide de la pente. C'est la direction naturelle qu'emprunterait un objet que la gravité ferait rouler (glisser en ce qui nous concerne) jusqu'au bas de la pente. Puisque les pentes peuvent présenter de nombreuses formes différentes, rappelez-vous que la ligne de pente ne se situe pas nécessairement toujours au centre de la colline.

Pourquoi est-il important de connaître cette notion en *snowboard*? Parce que tous les mouvements de base du surf des neiges sont exécutés en tenant compte de la ligne de pente, en comprendre le principe vous permettra donc de garder la maîtrise de la situation au moment où vous commencerez à vous servir de vos carres.

Voici, en gros, ce que dit la règle:
■ Plus la planche est parallèle à la ligne de pente, plus vous êtes rapide.
■ Plus la planche est perpendiculaire à la ligne de pente, plus vous êtes lent.
■ Si votre surf est parfaitement perpendiculaire à la ligne de pente, vous finirez par vous immobiliser complètement sur la pente.

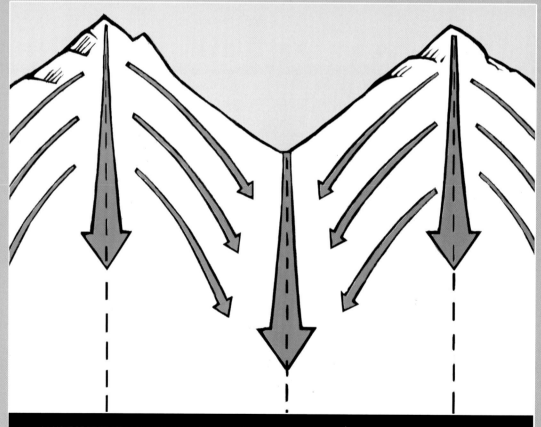

shéma LA LIGNE DE PENTE EST LA DIRECTION NATURELLE QUE VOUS FERA PRENDRE LA GRAVITÉ JUSQU'AU BAS DE LA PENTE (FLÈCHES BLEUES).

Gravir une pente

Une méthode utile permettant de monter une côte en marchant, le pied avant dans sa fixation.

■ D'abord, assurez-vous que vous êtes bien sur une pente pour débutant et que l'espace pour vous arrêter en bas est vaste et plat. Il s'agit d'exécuter une montée en escalier, laquelle s'effectue comme suit :

■ Faites face à la pente avec le pied avant dans sa fixation et le pied arrière libre. Placez la planche de sorte qu'elle soit perpendiculaire à la côte.

■ Avancez le pied libre et faites suivre la planche en faisant de petits pas et en gardant toujours la planche à l'horizontale en travers de la pente.

■ Enfoncez bien la carre côté pointes du pied dans la neige pour avoir de la prise à chaque pas. Ne montez pas trop haut la première fois, souvenez-vous que ce sera aussi la première fois que vous descendrez une pente ; par conséquent, ne soyez pas trop ambitieux.

■ Votre poids reposant sur le pied libre, soulevez la planche, pointez la spatule en direction du bas de la pente et ramenez la planche à plat sur la neige. Assurez-vous que votre poids est sur votre pied libre.

■ Lorsque vous serez prêt, déplacez votre poids sur votre pied avant en même temps que vous soulevez le pied libre pour le poser sur le repose-pied de la planche. Prendre appui sur le pied avant va mettre la planche en mouvement et la gravité fera le reste.

■ Une fois en mouvement, adoptez une position aussi relaxe que possible avec le poids sur votre pied avant. Si vous déplacez votre poids vers le pied arrière, il y des chances que vous perdiez le contrôle et que vous fassiez une chute. Exécutez ce mouvement jusqu'au bas de la pente sur le plat, puis remettez-vous en mode montée et refaites l'ascension de la pente en allant progressivement plus haut chaque fois à mesure que vous prenez de l'assurance.

Arrêts côté pointes et côté talon

Maintenant que descendre en droite ligne sur une pente pour débutant ne vous angoisse plus, il est temps de mettre à profit les connaissances que vous venez d'acquérir sur la ligne de pente et d'apprendre à vous immobiliser en vous servant des carres. Rappelez-vous que vous ne passerez pas votre vie sur les pentes pour débutants. Par conséquent, apprendre à s'arrêter en utilisant l'une ou l'autre des carres est une technique dont on ne saurait trop souligner l'importance, surtout lorsque vous commencez à explorer des terrains plus exigeants.

A S'ARRÊTER EN SE SERVANT DE LA CARRE CÔTÉ TALON (AMONT).
B S'ARRÊTER EN SE SERVANT DE LA CARRE CÔTÉ POINTES.

Les mauvaises chutes

Les chutes sont le cauchemar des débutants, mais elles font hélas plus ou moins partie du processus d'apprentissage.

La principale cause de chutes au début est due à la carre aval qui, alors que vous ne vous y attendez pas, prend dans la neige et vous fait tomber brutalement en avant sur les mains et les genoux. Vous pouvez minimiser les chutes et même les éliminer en vous rappelant une règle toute simple : il faut toujours garder la carre aval haut et hors de la neige.

Par chance, de nombreux accessoires de protections sont offerts pour amortir les chutes dont vous pourriez être victime au cours de vos premiers essais : genouillères, pantalons matelassés et protège-poignets sont offerts dans la plupart des boutiques de location d'équipement qui pourraient vous éviter quelques ecchymoses spectaculaires.

Si jamais il vous arrive de tomber, essayez de rester détendu et laissez-vous rouler. Si vous tombez en avant, vous aurez le réflexe de mettre les mains au sol pour amortir la chute, or c'est ce qu'il faut éviter à tout prix.

Si vous tombez en avant, rapprochez les mains du sternum de façon à tomber sur les avant-bras pour minimiser les risques de blessures aux poignets. Si vous essayez d'arrêter votre chute avec les bras ou les paumes, vous pouvez vous blesser.

Tomber sur le dos est presque toujours dû à une perte de contrôle qui force votre planche à accélérer et donc à s'éloigner de vous. Si vous sentez que vous allez tomber en arrière, essayez de faire tourner la planche vers le haut de la pente pour vous ralentir. Dirigez votre chute en arrière avec votre fessier (comme si vous alliez vous asseoir) et essayez de rouler.

En outre, cette introduction à l'usage des carres trouvera son utilité lorsque vous commencerez à apprendre les traversées et les virages.

■ Commencez tout comme vous l'avez fait pour la manœuvre de glisse ; choisissez une pente douce dans un coin tranquille et faites une montée en escalier.

■ Encore une fois, lorsque vous atteindrez le sommet, gardez le pied arrière libre et plantez-le fermement dans la neige en prenant appui dessus.

■ Dirigez votre planche dans le sens de la pente et répétez l'exercice de glisse tel que vous l'avez fait

précédemment, en déplaçant votre poids sur votre pied avant tandis que votre pied arrière est sur le repose-pied.

■ Maintenant, au lieu de poursuivre sur votre air d'aller jusqu'au bas de la côte, pratiquez-vous à maîtriser l'arrêt côté pointes des pieds à mi-chemin de la pente environ.

■ Pour amorcer l'arrêt, prenez progressivement appui sur la pointe des pieds et tenez-vous en équilibre sur la carre côté pointes.

■ En même temps que vous commencez à appliquer une pression sur la carre, poussez doucement le talon de la planche vers le bas de la pente avec votre pied arrière de façon qu'elle décrive un arc jusqu'à ce qu'elle soit perpendiculaire à la ligne de pente. Assurez-vous de demeurer en équilibre sur la carre côté pointes des pieds jusqu'à ce que vous soyez complètement immobilisé.

■ Maintenant, essayez d'exécuter un arrêt dans l'autre direction en prenant appui sur la carre côté talon tout en poussant le talon de la planche vers le bas de la pente.

■ Gardez la carre aval haut (côté pointes) et hors de la neige. Demeurez sur la carre amont tout le long de l'arc que vous décrirez jusqu'à ce que la planche soit perpendiculaire à la ligne de pente.

Les dérapages

Un dérapage latéral est un mouvement de glisse contrôlé de côté, le long de la ligne de pente — la version *snowboard* du chasse-neige en ski. La maîtrise du dérapage latéral est essentielle, car elle vous permettra de contourner facilement les terrains difficiles. Il ne s'agit pas seulement d'un mouvement pour débutant — un jour, vous aurez à descendre une pente raide et vous serez heureux que la possibilité du dérapage latéral s'offre à vous.

Les dérapages contrôlés sont importants dans le processus d'apprentissage parce qu'ils vous permettent de vous familiariser avec le contrôle des carres côté pointes et côté talon que vous devrez apprendre à maîtriser pour les diagonales et ultérieurement les virages de base. Les dérapages latéraux nécessitent d'augmenter ou de réduire l'angle de la carre amont de votre planche selon la pente, la réduction de l'angle amorce le mouvement de glisse, tandis que son augmentation ralentit la planche pour finir par l'immobiliser. Un bon truc à se rappeler est de toujours garder votre carre aval haut et hors de la neige.

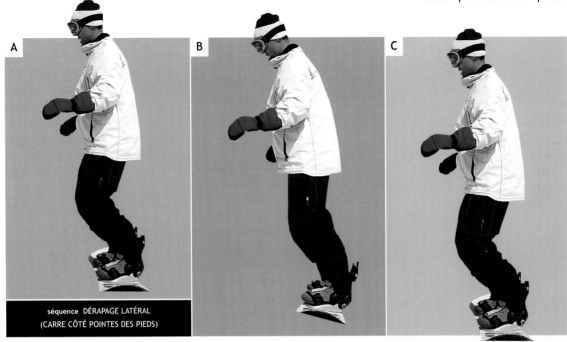

séquence DÉRAPAGE LATÉRAL
(CARRE CÔTÉ POINTES DES PIEDS)

Dérapage (carre côté pointes des pieds)

Commencez sur une pente de faible dénivellation avec les deux pieds sanglés, face à la pente, la planche perpendiculaire à la ligne de pente (voir la séquence ci-dessus). Fléchissez les genoux, votre poids étant réparti également sur les deux jambes et tenez-vous en équilibre sur la carre amont (carre côté pointes des pieds) (A).

Doucement, réduisez l'angle de la carre pour commencer à descendre tout droit le long de la ligne de pente (B). Augmentez l'angle de la carre pour ralentir et vous immobiliser (C). Pratiquez cette technique en descendant la pente et, progressivement, essayez d'exécuter des dérapages latéraux contrôlés sur de plus longues distances jusqu'à ce que vous puissiez facilement contrôler la longueur et la vitesse de votre dérapage.

séquence DÉRAPAGE LATÉRAL
(CARRE CÔTÉ TALON)

Dérapages (carre côté talon)

Pour pratiquer la même manœuvre carre côté talon (voir la page précédente), tournez-vous de l'autre côté et commencez, tout comme vous l'avez fait plus tôt, avec la planche en travers de la ligne de pente, mais en vous tenant maintenant en équilibre sur la carre amont (carre côté talon) (A). Encore une fois, réduisez l'angle de la carre en pressant sur la pointe des pieds (B). Augmentez l'angle de la carre côté talon en soulevant la carre côté pointes (C). Tout comme vous l'avez fait pour le dérapage latéral carre côté pointes, pratiquez cette manœuvre sur des distances de plus en plus longues en vous concentrant sur le contrôle de la longueur et de la vitesse.

Vous maîtriserez les dérapages latéraux en moins de temps qu'il n'en faut pour le dire. Servez-vous de ce mouvement au besoin, mais essayez de ne pas trop compter sur lui. S'il arrivait que vous ayez besoin de déraper latéralement sur toute la longueur d'une pente, par exemple, il y aurait fort à parier que ce serait parce que vous vous êtes aventuré sur un terrain au-dessus de vos capacités du moment.

Les traversées

Lorsque les dérapages latéraux ne présenteront plus de difficulté pour vous, vous pourrez commencer à travailler les traversées carre côté pointes et carre côté talon. Exécuter des traversées (des diagonales) veut dire descendre une piste en zigzaguant de part et d'autre de la ligne de pente. La maîtrise de cette technique vous permettra de contrôler votre vitesse et votre direction, et vous familiarisera avec les techniques d'équilibre et de prise de carre dont vous aurez besoin pour apprendre les virages de base. Un autre de leurs avantages est que vous n'aurez plus besoin de descendre la pente en droite ligne.

Traversées carre côté pointes

Pour exécuter une traversée carre côté pointes (voir la séquence ci-dessous), votre corps devra faire face à la pente, votre poids être réparti également sur vos deux pieds et l'équilibre sera assuré sur la carre amont (carre côté pointes des pieds); la planche, quant à elle, sera perpendiculaire à la ligne de pente. Commencez votre descente par un dérapage latéral carre côté pointes, puis déplacez votre appui sur le pied avant et tournez la tête et le torse en direction du point où vous voulez vous rendre (A). Traversez toute la largeur de la piste en entamant très peu la pente et en assurant une bonne prise de la carre côté pointes, la carre aval haut et hors de la neige (B). Lorsque vous arriverez au bout de la piste, arrêtez-vous en faisant tourner la planche en direction du sommet pour qu'elle soit parfaitement en travers de la ligne de pente (C). Une fois que vous serez complètement immobilisé, mettez-vous sur les genoux et changez de

sequence LORSQUE VOUS EXÉCUTEZ UNE TRAVERSÉE CARRE CÔTÉ POINTES, GARDEZ LA TÊTE ET LE TORSE EN AVANT ET RESTEZ SUR VOTRE CARRE AMONT.

A B C

A   B   C

côté. Maintenant, vous êtes prêts à exécuter une diagonale en sens inverse en vous servant de la carre côté talon.

Traversées carre côté talon

Pour commencer, la planche doit être perpendiculaire à la ligne de pente et reposer sur la carre amont (carre côté talon) (voir la séquence ci-dessus). Amorcez le dérapage latéral carre côté talon, puis déplacez votre appui sur le pied avant pour entamer la traversée (A). Encore une fois, tourner la tête et le torse en direction du point où vous désirez vous rendre et gardez l'angle de la planche dans sa position originale parfaitement perpendiculaire à la ligne de pente (C). Lorsque vous vous arrêterez, asseyez-vous, changez de côté et répétez la traversée carre côté pointes et ainsi de suite jusqu'à ce que vous atteigniez le bas de la piste. Continuez de pratiquer la descente en diagonale jusqu'à ce qu'il vous semble qu'elle ne présente plus de difficulté, que vous contrôliez les deux carres et que vous ayez l'assurance de pouvoir exécuter un arrêt contrôlé chaque fois que ce sera nécessaire.

Le *falling leaf*

Une fois que vous saurez comment exécuter des diagonales contrôlées sur les deux carres, la prochaine manœuvre qu'il vous faudra apprendre est connue sous le nom de *falling leaf*. Cette manœuvre, qui constituera

séquence LORSQUE VOUS EXÉCUTEZ UNE TRAVERSÉE CARRE CÔTÉ TALON, GARDEZ VOTRE POIDS CENTRÉ ET MAINTENEZ-VOUS EN ÉQUILIBRE SUR LA CARRE CÔTÉ TALON.

votre première expérience en *fakie*, ou en marche arrière, est semblable à la traversée, mais elle comporte un changement de direction. En faisant des allers-retours de part et d'autre de la ligne de pente, en utilisant toujours la même carre, vous imitez, en fait, le mouvement d'une feuille qui tombe lentement. Apprendre comment exécuter la *falling leaf* affine votre technique de maîtrise des carres sans vous engager (pas encore) dans des mouvements de rotations. Cela vous permettra, de plus, de vous déplacer dans la direction que vous aurez choisie peu importe la position de la planche. La conduite *fakie* est, en fait, la première manœuvre que vous apprenez en *freestyle*. Pour amorcer le *falling leaf* carre côté pointes, voir la séquence en page 48. Commencez comme vous le feriez pour une traversée carre côté pointes, en prenant appui sur votre pied avant et en coupant à travers la ligne de pente tout en vous tenant en équilibre sur la carre côté pointes ou la carre amont (A). Rappelez-vous de garder un angle de traversée très peu prononcé. Une fois de l'autre côté de la piste, arrêtez-vous comme vous le feriez pour une traversée en ramenant la planche à l'horizontale par rapport à la ligne de pente (B).

séquence *FALLING LEAF* (CARRE CÔTÉ POINTES).

C'est ici qu'intervient le changement de direction : au lieu de vous retourner sur vous-même et de commencer une traversée carre côté talon sur l'autre carre, demeurez en équilibre sur la carre côté pointes, tournez la tête et regardez par-dessus votre épaule. Puis, déplacez doucement votre poids vers l'arrière sur votre pied arrière (maintenant devenu votre pied avant) et exécutez une nouvelle traversée en marche arrière, c'est-à-dire en *fakie* (C). Rappelez-vous de garder un angle de traversée très faible et assurez-vous de demeurer sur la carre côté pointes. Une fois de l'autre côté de la piste, déplacez votre poids et changez de direction une autre fois (D), puis continuez avec une autre traversée carre côté pointes en surfant, une autre fois, spatule en tête (E).

Après quelques traversées sur la carre côté pointes, passez à la carre côté talon et répétez l'exercice. Souvenez-vous de garder un angle faible de descente, de regarder dans la direction dans laquelle vous voulez aller et de maintenir cette carre amont.

À mesure que vous domestiquerez le *falling leaf* sur l'une et l'autre des carres, essayez de maîtriser vos traversées en augmentant progressivement votre vitesse. Lorsque effectuer des traversées sur toute la longueur de la piste ne présentera plus de difficulté pour vous, essayez aussi d'en exécuter de plus courtes ou de ne parcourir que la moitié de la largeur de la piste.

Les festons

Après les traversées, les dérapages latéraux et le renforcement des techniques de prise de carres avec le *falling leaf*, les festons sont la dernière étape avant d'attaquer les enchaînements de base.

Bien qu'ils n'utilisent qu'une carre à la fois, les festons constituent, en fait, des enchaînements (bien qu'il ne s'agisse pas de virages complets) dont les mouvements fluides et contrôlés vous permettront de descendre la pente sans vous arrêter. Ils se situent entre la traversée simple et le véritable virage. Une fois maîtrisée à fond, cette manœuvre de demi-virage vous facilitera la transition vers les rotations à 180°. Pratiquez cette technique sur une vaste pente, loin des groupes de skieurs.

Commencez avec une traversée carre côté talon (voir la séquence ci-dessous) exactement de la même façon que précédemment, sauf qu'il vous faudra adopter un angle de traversée légèrement plus ouvert. Prenez appui sur le pied avant et glissez sur la carre côté talon jusqu'à ce que vous commenciez à prendre de la vitesse (A).

Pour faire des festons, il faut que la planche décrive un arc en direction d'un point passant par la ligne de pente, mais l'arrêter avant qu'elle ne complète un virage en prenant une fois de plus appui sur le pied avant et en poursuivant votre descente en biais (B). Concentrez-vous sur l'exécution d'un mouvement contrôlé arrondi passant par la ligne de pente et non sur un arrêt par freinage.

La tête et le buste devraient être tournés dans la direction vers laquelle vous vous déplacez, mais le virage devrait s'effectuer en grande partie par des mouvements du bas du corps.

Amorcez le virage en tournant votre pied avant vers l'amont et en pressant avec le pied arrière sur le talon de la planche pour forcer celle-ci à décrire un arc.

Essayez de poursuivre votre élan en travers de la pente en exécutant des mouvements fluides et contrôlés sans en arriver à vous arrêter complètement jusqu'à ce que vous atteigniez l'autre côté de la piste (C). Une fois cette série de virages accomplie, répétez l'exercice dans la direction inverse en exécutant des guirlandes sur la carre côté talon.

Lorsque cette manœuvre ne présentera plus de difficulté pour vous sur les deux carres, accentuez légèrement votre angle de descente pour augmenter votre vitesse. Modifiez aussi la distance entre vos festons et pratiquez-les jusqu'à ce que vous puissiez les réaliser au gré de votre fantaisie sur l'une ou l'autre des carres et de façon contrôlée.

séquence UNE FOIS LES FESTONS MAÎTRISÉS, VOUS NE METTREZ PAS BEAUCOUP DE TEMPS À EXÉCUTER DES VIRAGES COMPLETS SUR LA LIGNE DE PENTE.

Enfin, les enchaînements

Maintenant que vous êtes capable de faire des diagonales sur les deux carres et que vous pouvez contrôler votre vitesse en dérapage latéral, vous voilà prêt à l'étape finale, c'est-à-dire à passer des demi-virages de part et d'autre de la ligne de pente (ce en quoi consistaient les festons) aux virages à 180°.

Si la tâche vous semble intimidante, dites-vous bien qu'ayant déjà maîtrisé les traversées et les festons, les deux tiers de la leçon sont derrière vous.

Les traversées carre côté pointes et carre côté talon représentent les positions de départ et d'arrivée d'un virage et les festons la façon dont on amorce ce même virage. Maintenant, tout ce qu'il reste à faire est d'apprendre à enchaîner ces mouvements pour compléter le virage en passant d'une carre à l'autre. En maîtrisant cette dernière étape, vous pourrez contrôler votre vitesse et votre direction à tout moment.

Rappelez-vous que la synchronisation est un élément-clé en virage carre côté pointes et carre côté talon. Synchronisez le changement de carre aussi près que possible de la ligne de pente. L'élan engendré en pointant brièvement la planche vers le bas de la pente fournira une grande partie de l'énergie nécessaire au virage et la distance entre les carres sera à son point le plus étroit, rendant plus facile le passage d'une carre à l'autre.

Pour commencer, trouvez une pente douce sans obstacles et le moins accidentée possible. Choisissez aussi un endroit peu fréquenté pour vous concentrer sur vos virages — la présence d'autres personnes ne peut que vous intimider et vous distraire. Si vous ne pouvez trouver de coin tranquille, attendez qu'il y ait moins de gens sur la piste.

Préparez votre attaque avant de décoller. Analysez la descente depuis le sommet, créez un trajet imaginaire à suivre et prévoyez les endroits où vous amorcerez vos virages. Ne vous souciez pas d'être précis, il s'agit juste de vous donner quelques balises.

La plupart des débutants trouvent le virage sur la carre côté pointes plus facile pour commencer (voir A et B dans la séquence ci-dessous) ; par conséquent, commencez par une traversée carre côté talon, comme précédemment mais en augmentant votre angle de descente. Au besoin, faites un feston au cours de votre diagonale pour vous garder à bonne vitesse.

Rappelez-vous, gardez les genoux fléchis, votre centre de gravité bas et tournez la tête et le torse en direction du point que vous désirez atteindre. Au moment propice, tournez la tête et le buste dans la direction que vous désirez tourner (A). Maintenant, amorcez le virage en accentuant la pression sur la spatule pour que la planche s'oriente vers le bas de la pente, tournez le pied avant de façon à vous diriger vers la ligne de pente en forçant la planche à tourner avec

Séquence ENCHAÎNEMENT (CARRE CÔTÉ POINTES À CARRE CÔTÉ TALON).

A   B   C

votre pied arrière (B). Souvenez-vous de vous lever pour libérer le surf du poids du corps au moment de traverser la ligne de pente. Assurez-vous que le changement de carre se fasse en douceur en roulant d'une carre à l'autre. Après avoir changé de carre (et de direction), fléchissez les genoux pour entreprendre la nouvelle carre amont (carre côté pointes), continuez à faire face à la direction que vous désirez emprunter, et exécutez une longue et constante traversée en surveillant votre prochain point de virage.

Vous voilà prêt pour le **virage carre côté talon**. Encore une fois, tournez la tête et le torse en direction du virage, déplacez votre poids en avant et amorcez le virage en vous levant pour libérer la planche du poids du corps, puis roulez sur la carre côté talons (C). Ensuite, forcez la planche à tourner avec votre pied arrière à travers la ligne de pente pour finir par un fléchissement des genoux menant à la carre amont (carre côté talon) (D).

Concentrez-vous sur les enchaînements, deux virages à la fois (c'est-à-dire un sur chacune des carres), puis pratiquez-vous jusqu'à ce que vous les maîtrisiez jusqu'au bas de la pente (E et F). Rappelez-vous de vous servir des autres techniques que vous avez apprises (dérapage latéral, feston et traversée) pour bien maîtriser la descente. Par exemple, si vous rencontrez

Conseils utiles :

■ L'extension du corps en se levant sur les jambes au moment d'amorcer le virage facilite beaucoup la transition.

■ Rappelez-vous que ce sont les jambes qui font le travail ; le haut du corps devrait demeurer droit et centré.

■ Lorsque vous exécutez une diagonale sur la carre amont, gardez les genoux fléchis de façon à ce que votre centre de gravité soit bas et qu'ainsi votre poids vous vienne en aide et garde la carre dans la neige.

■ Lorsque vous serez prêt à pivoter et à changer de carre, redresser les jambes libérera la carre, laissant le surf glisser sur l'autre carre.

■ Une fois le changement de carre complété (et donc de direction), fléchissez à nouveau les genoux pour vous préparer à la nouvelle carre.

■ Cette méthode axée sur l'extension et la flexion vous servira aussi d'amortisseur lorsque vous commencerez à explorer divers terrains et types de neige.

un bout de pente raide, servez-vous du dérapage latéral jusqu'à ce que vous trouviez un endroit propice au virage. À mesure que vous prendrez de l'expérience, réduisez la distance entre les virages.

Séquence ENCHAÎNEMENT (SUITE)

D   E   F

POUR ATTEINDRE CERTAINES DES PENTES les plus susceptibles de convenir aux débutants, les stations de ski sont souvent équipées de téléskis simples ou de téléskis doubles. Mais puisque ces types de remonte-pente n'ont pas été conçus au départ pour les surfeurs, ils peuvent se révéler un peu difficile à utiliser.

Téléskis simples et doubles son conçus de façon à ce que l'usager monte la pente de face en ligne droit, les jambes l'une à côté de l'autre et non de côté comme le veut la position propre au *snowboard*. Contrairement aux skieurs, qui passeraient la suspente entre leurs jambes, les surfeurs se contentent généralement d'agripper la suspente ou la perche dans le cas du téléski double et de se laisser tirer jusqu'au haut de la pente. L'arbalète fonctionne de la même façon, il suffit de s'agripper au câble et de ne pas le lâcher avant d'atteindre le sommet.

Ces remonte-pentes présentent un autre risque potentiel pour les débutants, à savoir que vous êtes tenus de diriger la planche en ligne droite jusqu'au haut de la pente, ce qui peut s'avérer difficile à faire si vous ne maîtrisez pas encore bien vos carres. À long terme cependant, c'est une bonne façon de pratiquer. Un télésiège est beaucoup plus facile à utiliser pour un débutant qu'un téléski double ou simple, n'hésitez donc pas à choisir ce type de remonte-pente.

La télécabine est formée de cabines aériennes qui peuvent transporter des groupes de skieurs et de surfeurs. Elles sont faciles à utiliser et confortables puisqu'il suffit d'y monter et d'en descendre en marchant, votre planche sous le bras. Rappelez-vous que les télécabines donnent généralement accès à des terrains situés très haut dans la montagne qui ne conviennent pas aux débutants. Ne surestimez pas vos capacités, vous pourriez bien devoir redescendre par la télécabine.

La première fois

Il y a de fortes chances que vous soyez à tout le moins un peu nerveux la première fois que vous prendrez le télésiège. La perspective de commettre une erreur de débutant, surtout devant une file de personnes, n'est guère réjouissante.

La vérité est qu'il n'y a pas de quoi en faire un plat. Pour embarquer sur le télésiège et en débarquer, il vous suffira de mettre en pratique les trois

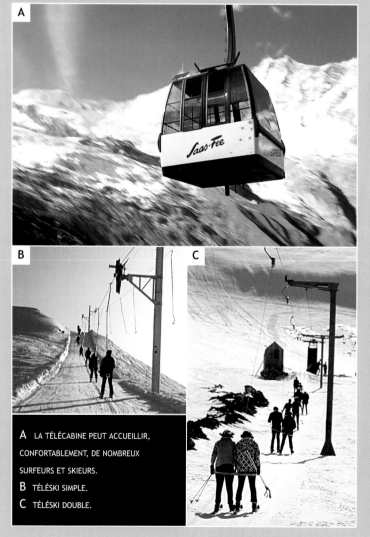

A LA TÉLÉCABINE PEUT ACCUEILLIR, CONFORTABLEMENT, DE NOMBREUX SURFEURS ET SKIEURS.
B TÉLÉSKI SIMPLE.
C TÉLÉSKI DOUBLE.

techniques de base que vous aurez maîtrisées avant d'y arriver, c'est-à-dire marcher un pied sanglé, glisser et faire des arrêts contrôlés. La raison pour laquelle le télésiège terrorise les débutants est qu'il est toujours en mouvement, de sorte que la marge d'erreur est très étroite. Vous verrez cependant qu'avec l'expérience et la gentillesse des préposés au remonte-pente, on peut accomplir des miracles.

Comment utiliser le télésiège

■ Entrez dans la file en ne chaussant que la fixation du pied avant et marchez ainsi jusqu'à ce que vous atteigniez l'endroit où une ligne et un écriteau vous ordonneront de vous arrêter.

■ Arrivé à ce point, assurez-vous que le préposé au remonte-pente sait que vous êtes débutant afin qu'il puisse faciliter votre premier essai en ralentissant le remonte-pente. Si vous prenez le remonte-pente avec des étrangers, il serait bon que vous les en avisiez.

■ Lorsque le groupe qui vous précède s'installe sur le télé-siège (et lorsque le préposé vous avise que vous pouvez y aller), marchez, le pied avant dans la fixation jusqu'à la zone d'embarquement et arrêtez-vous sur l'aire de décollage. Une ligne indique l'endroit précis sur la plate-forme.

■ Dès que vous serez sur l'aire de décollage, tournez tout de suite votre tête par-dessus votre épaule et tendez votre bras derrière vous pour agripper d'une seule main le siège qui s'approche et aussi pour vous donner une certaine stabilité.

■ Pour vous asseoir, attendez que le siège touche presque à l'arrière de vos genoux et le tour est joué.

Une fois sur le siège

Dès que vous êtes installé sur le siège, abaissez la barre de sécurité s'il y en a une. Il va vous sembler bizarre et un peu désagréable au début que votre planche pende ainsi dans le vide, par conséquent, libérez votre pieds avant d'une partie de la pression en plaçant votre pied arrière sous le talon du surf.

■ Puis, calez-vous dans le siège et admirez la vue. Inspirez-vous des autres surfeurs qui descendent et repérez les parties de la pente qu'il vous plairait d'explorer lorsque vous descendrez.

Comment quitter le télésiège

■ Lorsque vous commencerez à vous approcher de l'aire d'arrivée (un écriteau vous avise généralement de vous préparer à descendre), retirez votre pied arrière de sous la planche et levez la barre de sécurité.

■ Pointez votre surf vers l'avant et gardez la spatule en l'air. Vous aurez peut-être ainsi plus de facilité à faire pivoter votre corps latéralement sur le siège.

■ Lorsque vous aurez atteint l'aire d'arrivée, posez le pied arrière sur le repose-pied avant de diriger la planche vers le sol.

PRENDRE LE TÉLÉSIÈGE N'EST PAS AUSSI DIFFICILE QU'ON LE PENSE ET LA PLUPART DES STATIONS ONT DES PRÉPOSÉS QUI VOUS VIENNENT EN AIDE.

■ Posez d'abord le talon de la planche par terre, puis levez-vous et descendez de l'aire d'arrivée comme vous le faisiez lorsque vous pratiquiez des mouvements de glisse vers l'avant.

■ Il y a généralement suffisamment d'espace libre au bas de l'aire d'arrivée, mais si ce n'est pas le cas, il est possible que vous ayez à faire un arrêt contrôlé.

■ Lorsque vous serez complètement immobilisé, quittez rapidement les lieux.

■ La dernière chose que vous voulez, avant même que vous n'ayez commencé à descendre, c'est d'entrer en collision avec les gens qui vous suivent sur le télésiège.

Techniques avancées

À l'heure qu'il est, vous maîtrisez les virages de base et peut-être avez-vous même déjà commencé à explorer de nouveaux coins et de nouveaux terrains un peu partout sur la montagne. Apprendre à exécuter des virages et à descendre des pentes constituait une première étape mais ces techniques de base ne font que vous préparer aux multiples sensations fortes que vous offrira ce sport passionnant.

En plus de consentir à vous attaquer à des terrains de plus en plus difficiles, vous êtes maintenant prêt à étendre vos activités avec assurance et à explorer quelques-unes des autres disciplines qu'offre le *snowboard*.

Le *freeride* vous permet d'explorer toute la gamme des possibilités en vous poussant à essayer plusieurs styles de descente simultanément, tandis qu'il vous fait acquérir des compétences en *all-mountain* (tout-terrain) sur toutes sortes de terrains et dans diverses conditions.

Le *freestyle* vous fait apprécier les hauteurs, perfectionner des figures acrobatiques et exécuter des sauts dans le *halfpipe* et les parcs. Les mordus de *carving* augmenteront leur vitesse, affineront leur style et leur élégance, révélant ainsi la véritable essence du virage. Découvrir les différents types de compétition qui vous sont offerts vous incitera à vous surpasser en rivalisant d'astuces techniques avec les autres. Pour ceux qui cherchent l'aventure extrême, le *snowboard* hors-piste vous attend.

Certains surfeurs choisissent de toucher un peu à toutes les disciplines, explorant ainsi toutes les facettes du *snowboard*, alors que d'autres éprouvent un maximum de satisfaction à devenir expert dans un type de surf particulier. Quelle que soit l'orientation qui vous attire, sachez que c'est ici que commence le plaisir en surf des neiges.

ci-contre UN SURFEUR DE *FREESTYLE* CONNAÎT UN SUCCÈS MONSTRE AU COURS D'UNE COMPÉTITION DE SAUTS. POUR BEAUCOUP DE SURFEURS, LE *SNOWBOARD*, CE SONT LES FIGURES AÉRIENNES.

Le *freeride*

Le *freeride* exige un surfeur de type *all-mountain*, c'est-à-dire qui soit à l'aise n'importe où sur la montagne. La plupart des adeptes de *freeride* sont au paroxysme de la joie quand ils se faufilent entres les arbres ou quand ils découvrent des versants parfaitement vierges de neige poudreuse, mais bon nombre apprécient encore faire quelques figures dans les parcs et prennent grand plaisir à se frayer un chemin sur une piste fraîchement damée.

Le *freeride* exige d'être polyvalent, de savoir comment faire face à tout genre de terrains dans toutes sortes de conditions. Si vous croyez que c'est là le genre de *snowboard* qui vous intéresse, vous devrez adopter des techniques de descente particulières pour arriver à maîtriser le *all-mountain*.

Surfer sur poudreuse

Pour la plupart des adeptes du *snowboard*, surfer sur de la poudreuse est l'essence même du sport, rien ne saurait être plus divin que de se frayer un chemin dans la neige vierge, douce et profonde, que de soulever un long panache blanc dans son sillage. Vous deviendrez probablement accro dès votre première descente. Vous vous prendrez bientôt à épier les conditions idéales d'enneigement et même à vous lever tôt le matin pour vous emparer de ces premières descentes virginales.

Une fois que vous avez pris de l'assurance et que les enchaînements sur une piste damée ne présentent plus de difficulté pour vous, vous êtes fin prêt pour la poudreuse. La chose la plus importante dont il faut se rappeler est de garder la spatule du surf haut et hors de la neige pour que la planche puisse continuer de glisser « sur » la poudreuse. Si la spatule s'incline et s'enfonce dans la neige, vous ferez de même et la planche aussi. Une planche qui s'enfonce subitement dans la neige vous arrêtera tout d'un coup. Pour garder la spatule haut, déplacez votre poids sur le pied arrière en descente. Il s'agit d'une dérogation au virage de base sur neige damée dans lequel la plus grande partie de l'appui se fait sur le pied avant.

Se lever dans la poudreuse

Si vous êtes capable de surfer régulièrement dans la poudreuse, tôt ou tard vous vous enliserez. Vous sortir de cette fâcheuse situation et vous remettre en mouvement peut s'avérer un peu difficile au début, pour ne pas dire frustrant.

Les quelques conseils suivants réduiront considérablement votre perte de temps :

■ Lorsque vous faites une chute ou que vous vous enlisez, levez-vous sur la carre côté pointes — il est plus facile de se lever avec les genoux fléchis que lorsque l'on est assis sur les fesses. Si le surf est profondément enfoui, il se peut que vous ayez à retirer une partie de la neige avec vos mains.

■ Dans certains cas, il est plus facile de détacher le pied arrière et, ensuite, remonter la planche à la surface.

■ Ne JAMAIS sortir les deux pieds des fixations et détacher la lanière dans la neige profonde. D'abord parce que vous pourriez ne pas retrouver votre surf, ensuite parce que si jamais vous échappiez votre planche une fois à la surface, vous pourriez perdre un temps fou à tenter de la retrouver, ce qui est très frustrant. Sans compter qu'il y a toujours la possibilité qu'elle heurte un autre surfeur ou un skieur qui n'est pas sur ses gardes, ce qui peut être lourd de conséquences.

■ Bien qu'il puisse sembler plus facile de marcher quelques pieds avant de se remettre à surfer, il est préférable de repartir de l'endroit où vous vous êtes immobilisé. La poudreuse est souvent profonde et il y a des chances pour que vos pieds s'enfoncent profondément dans la neige, et vous ne trouverez peut-être pas de neige dure avant un moment. Vous dépenserez de l'énergie en pure perte. La meilleure chose à faire est soit rester où vous êtes, soit remonter votre surf à la surface, chausser les fixations et recommencer à descendre d'où vous êtes.

APPRENDRE À DESCENDRE DANS LA POUDREUSE VIERGE NÉCESSITE DE L'ENTRAÎNEMENT. IL EST IMPORTANT D'ACQUÉRIR D'ABORD UNE CERTAINE ASSURANCE.

Vous remarquerez tout de suite que la poudreuse exige d'être beaucoup plus fort des membres inférieurs. Non seulement prendrez-vous appui sur votre pied arrière, mais celui-ci contribuera aussi à forcer la planche à tourner. Modifier la configuration de votre position vous rendra la tâche beaucoup plus facile ; s'il a beaucoup neigé la veille et que vous savez que vous pouvez espérer une journée de poudreuse le lendemain, essayez de déplacer les fixations vers l'arrière de la configuration de trous. Les muscles situés à l'arrière de la jambe seront ainsi moins sollicités.

N'oubliez pas non plus que vous devrez suivre d'un peu plus près la ligne de pente que vous ne le faites normalement sur une piste damée. C'est que la poudreuse vous ralentit un peu ; par conséquent, maximisez votre vitesse et évitez de perdre du temps ou de vous enliser.

Plus la neige est profonde, plus vous devez vous rapprocher de la ligne de pente. Descendez tout droit les pentes raides si vous voyez que le terrain s'aplanit un peu plus loin. Vous aurez besoin de cet élan supplémentaire pour traverser le plat et éviter de vous enliser.

Finalement, rappelez vous le mouvement que vous avez appris et qui s'apparente à celui d'un ressort lorsque vous fléchissiez les genoux, pour ensuite vous lever sur la planche dans les virages de base ; ce mouvement est l'un des éléments importants du surf sur poudreuse. Dès qu'une journée de poudreuse s'annoncera, trouvez une pente qui vous convienne et commencez à pratiquer.

Descendez le long de la ligne de pente pour commencer et prenez de l'élan en vous appuyant sur votre pied arrière. Gardez votre genou arrière fléchi et votre genou avant plus droit. Cette position aide à conserver la spatule haut au-dessus de la neige. Amorcez les virages comme vous le feriez sur une piste damée, mais demeurez parallèle à la ligne de pente.

LORSQUE VOUS SURFEZ EN FORÊT ET QUE VOUS AVEZ BESOIN DE RALENTIR RAPIDEMENT, EXÉCUTEZ UN VIRAGE DANS UNE SECTION DE POUDREUSE ÉPAISSE.

Souvenez-vous de garder votre centre de gravité bas lorsque vous exécutez un virage, et faites un mouvement brusque vers le haut en dépliant légèrement les jambes pour rester au-dessus de la neige au moment de changer de carre. Vous devriez sentir le surf s'enfoncer légèrement dans la neige au moment d'amorcer le virage, puis s'élever au-dessus de celle-ci lorsque vous déplierez les jambes. Gardez le haut du corps bien droit, laissez vos jambes effectuer le travail et rappelez-vous par-dessus tout de garder la spatule haut.

Lorsque vous aurez acquis de l'assurance (et que vos jambes seront devenues plus fortes), essayez des pentes plus raides, encore plus enneigées, chaque fois que vous le pourrez. Bientôt, votre plus grande difficulté ne sera plus de surfer sur la poudreuse, mais de trouver une pente vierge avant tout le monde.

Comment trouver de la poudreuse

La poudreuse vierge est la matière première la plus précieuse du *snowboard* et elle ne reste généralement pas longtemps intacte. Pour être certain que vous aurez votre juste part de ce trésor de fraîcheur, surfez tôt le matin. S'il a beaucoup neigé la nuit précédente et que vous savez que les pentes seront couvertes de poudreuse, assurez-vous d'être parmi les premiers dans la file lorsque le remonte-pente ouvrira ou le plus près possible de la tête.

Surfer en hors-piste (hors des limites des pistes damées) est aussi un bon moyen de trouver des pistes fraîches lorsque les pistes traditionnelles sont pleines de vieilles traces. Un autre endroit intéressant où chercher de la poudreuse est le long de vos pistes préférées. Les traces que laissent les surfeurs au cours de la journée repoussent la neige sur les côtés de la piste. Surfez sur le bord des pistes et vous serez certain de trouver de la neige relativement profonde, et si vous êtes chanceux, sans l'ombre d'une trace. Rappelez-vous que les obstacles tels les pierres et les trous sont invisibles sous la neige épaisse ; par conséquent, soyez prudent.

Surfer en forêt

Surfer en hors-piste, entre les arbres, est peut-être l'une des expériences de *freeride* les plus agréables. Les surfeurs qui connaissent bien l'endroit où ils se trouvent essaient de garder secret leur petit coin de forêt et avec raison ; ces endroits sont généralement parmi les plus beaux et les plus paisibles que l'on puisse trouver. Ils cachent aussi souvent des trésors de neige profonde et vierge.

Un gros avantage est que les descentes en forêt procurent une solitude absolument divine, alors que les pistes sont bondées. Se faufiler, en silence, entre les pins parfumés couverts de neige est une sensation extraordinaire. Pour couronner le tout, rien n'égale les virages explosifs dans la poudreuse en frayant sa propre voie dans un décor labyrinthique pour sentir le flot d'adrénaline vous envahir.

Si grisante et stimulante que puisse être la descente en forêt, elle n'est pas pour autant exempte de pièges. Savoir comment aborder ce type de terrain vous évitera de courir des risques tout en vous amusant.

Surfer dans diverses conditions

Bien sûr, tous les surfeurs seraient ravis si chaque fois qu'ils surfent, les conditions étaient parfaites et la journée de poudreuse digne d'une carte postale. Mais comme pour toute activité extérieure, cela dépend du temps qu'il fait, certains jours seront plus propices aux plaisirs du surf que d'autres.

Au lieu de voir négativement la neige mouillée ou glacée, voyez-la comme une occasion d'améliorer vos compétences et une façon d'acquérir l'expérience nécessaire au hors-piste.

Les conseils suivants vous aideront à adapter vos compétences lorsque l'état de la neige sera défavorable :

Neige mouillée

Surfer sur de la neige mouillée, ce n'est vraiment pas de la tarte. La résistance que crée la lourde neige mouillée vous ralentira rapidement si vous n'y êtes pas préparé. La sensation sur neige mouillée est loin d'être la même que celle sur poudreuse, mais abordez ces deux types de neige de la même façon.

■ N'exécutez pas vos virages de façon aussi soignée que vous ne le feriez dans des conditions normales,

PERSONNE N'AIME PASSER SUR DES PLAQUES DE GLACE -OPTEZ POUR LE DÉRAPAGE LATÉRAL EN PAREIL CAS ET GARDEZ VOTRE ÉQUILIBRE EN MINIMISANT LES MOUVEMENTS.

car vous n'y gagnerez que la réduction de votre vitesse.

■ Pour ce qui est de la neige mouillée profonde, vous serez peut-être obligé de descendre le long de la ligne de pente.

■ La neige mouillée profonde offrira aussi une meilleure glisse si vous prenez appui sur le pied arrière et gardez la spatule haut de façon à ce que la planche puisse planer plus facilement sur la surface.

■ Enlevez aussi toute accumulation de neige lourde susceptible d'adhérer au pont du surf. Elle vous nuira grandement, sans compter que le supplément de poids qu'elle représente vous empêchera presque de planer sur les bouts plus enneigés.

■ Loin de freiner votre ardeur, analysez votre descente avant de vous élancer peut être utile. Surveillez les surfaces de neige épaisse et éloignez-vous en lorsque vous le pouvez. Cherchez des pentes plus raides qui vous permettront de prendre de la vitesse et maximisez celle-ci en prévision des plats à venir.

Neige gelée

Qu'il s'agisse d'un terrain entièrement durci, conséquence du gel et du dégel, ou d'une grande plaque de glace au centre de votre piste favorite, la glace est le fléau de tous les surfeurs. Contrebalancez le facteur glace en vous disant que, dans de telles conditions, ne pas trop faire de mouvements facilite les choses et que la marge d'erreur (s'il y en a une) est généralement très faible.

■ Lorsque vous rencontrez de la glace, gardez votre poids centré et votre position un peu plus bas que d'habitude. Cette attitude aura pour effet de maximiser votre capacité à conserver votre équilibre et vous permettra de réagir très rapidement si vous commencez à perdre la maîtrise de la carre.

■ Quand la piste est glacée, faites très peu de mouvements du buste ; ne vous servez que du bas du corps dans les virages et minimisez les déplacements d'appui.

■ Analysez le terrain devant vous avant de vous élancer pour éviter les plaques de glace là où c'est possible. Sinon, préparez-vous à passer dessus si elles sont inévitables. Rappelez-vous que le dérapage latéral peut être d'une grande utilité sur la glace ; là où ni le virage ni la traversée ne fonctionneront, le dérapage contrôlé vous sauvera sur les surfaces difficiles.

Technique de surf en forêt

Commencez lentement, cherchez des sections bordées d'arbres le long de votre piste préférée, explorez la lisière du bois et faites-y quelques incursions. Vous aurez ainsi un avant-goût de ce qu'est le surf en forêt sans vous y adonner complètement. Si vous aimez ce que vous voyez et que le milieu ne vous angoisse pas, explorez un peu plus les environs la prochaine fois.

Lorsque vous aurez la certitude d'être prêt à effectuer une descente complète en forêt, n'oubliez pas de consulter une carte avant de vous élancer. Vous devez savoir à peu près où vous vous trouvez et où se terminera probablement la descente. À défaut de le savoir, vous pourriez devoir marcher un certain temps avant de trouver un endroit desservi par un remonte-pente. Pis encore, vous pourriez vous perdre, ce qui est beaucoup plus dangereux. Il est d'une importance capitale, au cas où vous vous perdriez réellement ou vous vous blesseriez, d'être toujours accompagné d'un copain.

N'oubliez jamais que le surf en forêt comporte des risques. Le port d'un casque et de lunettes protégera votre tête et vos yeux en cas de collision avec des branches basses imprévisibles. Les trous laissés par les souches arrachées du sol lorsqu'on abat des arbres peuvent être extrêmement dangereux. Tomber dans un de ces trous dissimulés risque de se traduire par des blessures, sans compter que vous pourriez avoir de la difficulté à en sortir. Méfiez-vous toujours des dangers potentiels et, en cas de doute, péchez par excès de prudence. Sécurité d'abord, il ne faudrait pas qu'un accident évitable puisse interrompre votre expérience de surf.

Les pentes raides

S'élancer sur des pentes raides est peut-être ce que le *snowboard* a de plus excitant. Pour certains surfeurs, il n'y a pas de sensation plus grisante que de vaincre la peur qui les envahit au sommet d'une descente hostile de catégorie double diamant en réussissant à se frayer un chemin jusqu'en bas.

Surfer sur des pentes raides met seulement en pratique les compétences que vous avez acquises pour réaliser des virages de base et des changements de carres. N'essayez pas de pentes raides cependant si vous n'êtes pas sûr à 100 % de pouvoir exécuter des enchaînements, des arrêts, des traversées et des dérapages latéraux sur un terrain de difficulté moyenne. Pour votre sécurité, il est fondamental que

IL EST FACILE DE PERDRE LE CONTRÔLE SUR UN TERRAIN ABRUPT – DIRIGEZ RAPIDEMENT LA SPATULE EN TRAVERS DE LA LIGNE DE PENTE.

vos virages fonctionnent bien et très important que vous soyez sûr de pouvoir exécuter des arrêts ; les traversées et les dérapages latéraux vous seront particulièrement utiles lorsque vous rencontrerez des terrains de niveau avancé.

Utilisez ces dernières techniques pour contourner des obstacles comme des plaques de glace, et pour vous placer dans la position idéale en prévision du virage suivant. Rappelez-vous aussi de ne pas brusquer les choses lorsque vous commencerez à surfer sur des terrains de niveau avancé. Si vous êtes au sommet d'une pente qui vous semble trop difficile pour votre niveau de compétence, ou dont l'état a des chances de représenter un danger, il n'y a pas de honte à laisser tomber quitte à revenir un autre jour. Vous jouirez ainsi d'une autre journée sans accident pour mettre vos capacités à l'épreuve.

Pour votre premier essai sur pente raide, choisissez une pente dont l'état de la neige est excellent et relativement exempte d'obstacles. Commencez avec

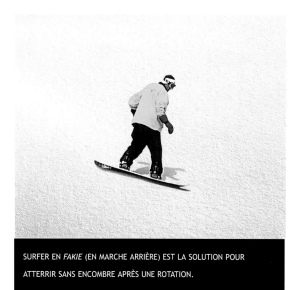

SURFER EN *FAKIE* (EN MARCHE ARRIÈRE) EST LA SOLUTION POUR ATTERRIR SANS ENCOMBRE APRÈS UNE ROTATION.

le surf en travers de la ligne de pente, le corps en position abaissée, les genoux fléchis et le centre de gravité bas. Lorsque vous serez prêt à entamer la descente, gardez cette position fléchie lorsque vous prendrez appui sur la première carre et redressez le buste de façon à ce qu'il soit perpendiculaire à l'angle de la pente. Rappelez-vous qu'en terrain abrupt, suivre la ligne de pente vous fera très rapidement atteindre une grande vitesse qui s'avérera incontrôlable. Lorsque vous amorcez le virage, tournez la tête et les épaules en direction du point vers lequel vous désirez surfer — n'oubliez pas de ramener le surf à l'horizontale par rapport à la ligne de pente — et exécutez-le le plus rapidement possible. Une fois le changement de carre effectué, demeurez baissé, fléchissez les genoux et préparez-vous à amortir toute bosse ou vibration de la planche avec les jambes. Continuez de descendre de cette façon, en vous rappelant de demeurer baissé et d'utiliser le dérapage latéral et la traversée au besoin.

Le *freestyle*

Le *freestyle* est probablement, pour de nombreux surfeurs, le style le plus stimulant, voire le plus excitant du sport. Les adeptes du *freestyle* passent presque autant de temps en l'air que sur la neige, exécutant divers types de saut dans les parcs et s'éclatant sur les murs du *halfpipe*. À l'extérieur de la communauté des *snowborders*, la plupart des gens croient que le *freestyle* est une affaire de jeune et de têtes brûlées. Mais il est ouvert à tous — peu importe l'âge ou l'expérience —, pourvu qu'on songe d'abord à l'élément sécurité. Bien

que beaucoup de surfeurs ne deviendront jamais des professionnels du *freestyle* du type de ceux qui font tourner les têtes dans les parcs, la connaissance des figures de base peut vous procurer des heures de plaisir.

Surfer en *fakie* (en marche arrière)

Il est primordial de savoir surfer en *fakie*, c'est-à-dire talon d'abord, en *freestyle*. Savoir surfer en marche arrière sans difficulté aura son utilité lorsque vous apprendrez des figures plus compliquées plus tard. Idéalement, vous devriez être aussi à l'aise en marche arrière qu'en marche avant. Essayez au moins d'alterner les positions et d'exécuter quelques virages façon *fakie* si vous voulez tenter une sortie en *freestyle*. La traversée *fakie* devrait déjà vous être quelque peu familière grâce au *falling leaf* que vous avez appris à maîtriser (voir p. 49-50). De là, pratiquez des traversées normales et ensuite vos techniques de virage comme vous l'avez fait lorsque vous avez appris les mouvements de base. Au début, la position de la fixation arrière (devenue votre fixation avant) vous semblera peut-être bizarre lorsque vous apprendrez à exécuter des virages en *fakie*. La plupart des adeptes de *freestyle* choisissent de donner très peu d'angle à leurs fixations pour que la descente en *fakie* soit plus facile en installant les fixations directement en travers de la planche dans le sens de la largeur (voir angle des fixations p. 24).

Une fois confiant de pouvoir utiliser ces techniques, essayez de faire au moins une descente complète en *fakie* chaque jour. Si vous aimez mieux la faire en plusieurs étapes, changez de position chaque fois que vous rencontrez un bout de terrain moins intéressant et pratiquez à cet endroit. Cette tactique vous aidera à dédramatiser le changement de direction à mi-descente et augmentera votre polyvalence.

Le *ollie* de base

Maintenant que vous maîtrisez tous les mouvements de base sur la neige, vous voilà prêt à vous envoler. Dérivé de la figure de *skateboard* du même nom, le *ollie* est la figure la plus élémentaire du *snowboard* et l'élément de base permettant d'apprendre d'autres figures plus avancées dans l'avenir. Le *ollie* est un petit saut réalisé avec sa propre force, c'est-à-dire en soulevant le talon de la planche. Si adopter une figure du *skateboard* vous intimide au début, vous serez heureux d'apprendre que la version pour *snowboard* du *ollie* est, en fait, beaucoup plus facile ; d'abord parce que vos pieds restent attachés à la planche, ensuite et surtout parce que, si jamais vous tombez, la neige est beaucoup plus agréable que le béton.

Essayez votre premier *ollie* sur une pente douce de niveau moyen avec beaucoup d'espace au bas (voir la séquence ci-dessous). Commencez par descendre le long de la ligne de pente, le surf bien à plat sur la neige, en position centrée avec les genoux fléchis (A). Quand vous serez prêt, prenez appui sur le talon et soulevez le pied avant en déclenchant un mouvement du corps vers l'arrière (B). Ce mouvement fera fléchir le surf et préparera le décollage. Au moment précis où la spatule quittera la neige, servez-vous de votre jambe arrière comme d'un ressort et sautez. Soulevez la jambe arrière au moment où la planche quitte la neige, pour la garder à l'horizontal, les genoux toujours fléchis (C). Redressez-vous le temps de vous préparer à l'atterrissage et fléchissez les genoux pour absorber l'impact (D). Essayez de vous poser sur le talon d'abord, puis bien à plat sur la semelle ensuite (E). Enfin, lorsque vous sentirez que la planche repose entièrement sur la neige, arrêtez-vous.

Pratiquez cette figure jusqu'à ce que vous ayez l'impression de la posséder à fond. Ensuite, partez d'un peu plus haut et augmentez votre vitesse et ainsi de suite. Vous pouvez vous montrer plus audacieux et sauter des obstacles, mais rien ne presse et si vous le faites, vérifier toujours le point d'atterrissage avant de vous élancer. Ce que le *ollie* vous aura permis d'apprendre sera essentiel pour réussir vos futurs sauts.

Les sauts de base

Maintenant que le *ollie* vous est familier, vous pouvez monter le niveau de difficulté d'un cran en exécutant un saut de base depuis un tremplin naturel. Le saut de base utilise des mouvements très semblables à ceux du *ollie*, bien qu'ils ne soient pas aussi prononcés. Avec le *ollie*, vous créez votre propre énergie ascendante. Lorsque vous sautez, c'est le tremplin qui fournit le plus gros de l'élan et de l'élévation. Le meilleur endroit pour vous y adonner est le parc ; rendez-vous-y si votre station dispose d'un tel équipement. Les tremplins arificiels sont conçus exprès pour faciliter votre envolée. Commencez par un tremplin de faible hauteur dont l'aire de réception est vaste et tenez-vous loin des tremplins avec une aire

séquence ADAPTÉ DU SKATEBOARD, LE *OLLIE* DE BASE EST LA FIGURE LA PLUS FONDAMENTALE DU *SNOWBOARD*.

de réception que l'usure a creusée, jusqu'à ce que vous ayez suffisamment d'expérience pour affronter ce genre de difficulté supplémentaire. En ne perdant pas de vue les recommandations précédentes, choisissez un tremplin qui offre une bonne distance entre vous et l'aire d'envol. Allez tout droit vers l'aire d'envol à vitesse moyenne, votre planche bien à plat sur

Code de bonne conduite dans les parcs

■ Bien regarder avant de sauter. Toujours envoyer un copain inspecter l'aire d'atterrissage (ou faites-le vous-même). Il arrive souvent que vous ne puissiez pas apercevoir l'aire d'atterrissage de l'endroit où vous vous élancez. Savoir exactement ce qui se trouve au bout du tremplin augmentera votre confiance et assurera votre propre sécurité.

■ Demandez à une personne de rester près de l'aire d'atterrissage pour aviser les autres de votre descente et vous aviser quand elle sera libre.

■ Assurez-vous toujours que personne d'autre ne s'élance en même temps que vous. Beaucoup de surfeurs signalent leur départ par un cri comparable au « fore » des golfeurs.

la neige. Fléchissez les genoux et répartissez votre poids également sur la planche. Laissez-vous glisser dans cette position. Lorsque vous approcherez de l'extrémité du tremplin, projetez-vous vers le haut en prenant appui sur le talon et en soulevant votre pied avant. Comme pour le *ollie*, servez-vous de votre jambe arrière comme d'un ressort et sautez au moment où la spatule quitte la neige. Soulevez la jambe arrière au moment où la planche quitte la neige pour la garder à l'horizontal, les genoux toujours fléchis et en équilibre. Rappelez-vous de laisser le tremplin vous donner le plus gros de l'élan. Redressez-vous le temps de vous préparer à l'atterrissage et fléchissez les genoux pour absorber l'impact. Posez-vous bien à plat sur la semelle, talon d'abord. Enfin, lorsque vous sentirez que la planche repose entièrement sur la neige, immobilisez-vous.

À mesure que vous prendrez de l'assurance, essayez de vous élancer avec un peu plus de vitesse et de sauter plus haut et plus loin. Lorsque les petits sauts de base ne vous angoisseront plus, essayez-en de plus importants, mais rappelez-vous d'y aller à votre rythme. À mesure que vous développerez votre sens du risque, essayez de saisir la carre avec la main à mi-saut. Ce mouvement de base donne de la stabilité en suspension et est très impressionnant.

Les rotations

Les rotations sont courantes maintenant en *freestyle*. Apprendre à sauter et à atterrir demande un peu de travail, mais le processus d'apprentissage est amusant et la sensation qui vous vient lorsque finalement vous les réalisez vaut bien le mal que vous vous êtes donné.

La principale différence entre une rotation à 180° et une à 360° est l'ajout d'un mouvement de torsion du bas du corps. Dans la rotation à 180°, c'est le haut du corps qui effectue un mouvement de torsion et le bas du corps suit. Dans la rotation à 360°, le bas du corps doit effectuer un mouvement de torsion au moment d'entamer la rotation, ce qui fournira le surplus

BEAUCOUP DE SURFEURS NE SAUTERONT JAMAIS AUSSI HAUT QUE CET EXPERT DU GRAND TREMPLIN, MAIS SI VOUS TROUVEZ VOTRE RYTHME ET VOTRE PROPRE NIVEAU DE PERFORMANCE, VOUS AUREZ QUAND MÊME BEAUCOUP DE PLAISIR.

Séquence LA ROTATION À 180° EST LA PREMIÈRE FIGURE DE BASE À MAÎTRISER. PRATIQUEZ-LA JUSQU'À CE QU'ELLE NE PRÉSENTE PLUS DE DIFFICULTÉ.

de force dont le corps a besoin pour effectuer un tour complet.

La rotation à 180°

La plus fondamentale des figures est cette rotation (voir la séquence ci-dessus). Comme vous le faites pour le saut de base (et cela vaut pour tous les types de saut), examinez bien le tremplin et envoyez quelqu'un inspecter l'aire de réception pour vous assurer que personne ne s'y trouvera au moment où vous vous élancerez. Souvenez-vous qu'avant d'exécuter une rotation, vous devez maîtriser parfaitement le saut de base et être très doué en *fakie*.

Commencez par approcher l'aire d'envol à vitesse régulière, genoux fléchis et détendu et déclenchez l'« effet ressort » en tournant le haut du corps dans le sens de la rotation (A). Une fois sur l'extrémité du tremplin, décollez en vous projetant en l'air et poursuivez le mouvement de torsion avec les jambes (B). Atterrissez en *fakie* (en marche arrière), regardez devant vous, les jambes tendues et la planche à l'horizontale. Fléchissez les genoux au moment de vous poser pour absorber l'impact (C).

Maîtriser la rotation à 180° vous permettra d'exécuter diverses autres figures du même type. Elle vous simplifiera aussi l'apprentissage de la rotation à 360° qui représente un saut plus avancé. Continuez de pratiquer la rotation à 180° jusqu'à ce que vous preniez de l'assurance, ensuite travaillez à des variantes de la même figure, par exemple exécutez une rotation en sens inverse ou approchez l'aire d'envol en *fakie* et atterrissez en *regular*.

La rotation à 360°

Pour réaliser une rotation à 360° (voir la séquence page suivante), il suffit de mettre à profit les techniques de décollage et d'atterrissage apprises pour la rotation à 180. Les mouvements de base sont les mêmes — une rotation à 360 est essentiellement le double d'une rotation à 180.

Il vous faudra un peu plus de vitesse au décollage pour maximiser la hauteur et la distance parcourues ; vous devrez aussi vous projeter et tourner le haut du corps avec plus d'énergie pour compléter la boucle.

Commencez par vous approcher de l'aire d'envol à vitesse moyenne, genoux fléchis, poids bien réparti sur la planche. Au lieu de descendre jusqu'en bas, semelle bien à plat ; comme vous l'avez fait pour le saut de base, attaquez la transition sur la carre côté pointes — vous devrez appliquer une grande pression pour amorcer la rotation (A). À l'approche de l'extrémité du tremplin, commencez à tourner la tête et les épaules dans la direction de la rotation, pour les débutants, tournez-les dans le sens contraire des aiguilles d'une montre. Ce mouvement du haut du corps déclenchera l'« effet ressort » qui forcera le bas du corps à poursuivre dans cette direction et à vous faire pivoter au moment du décollage. Une fois à l'extrémité du tremplin, projetez-vous vers le haut (B) et continuez à tourner pour permettre au bas du corps de compléter la rotation (C). Regardez devant vous et préparez-vous à atterrir en *fakie* (D). Posez-vous jambes tendues, planche à l'horizontale et fléchissez les genoux pour absorber l'impact (F).

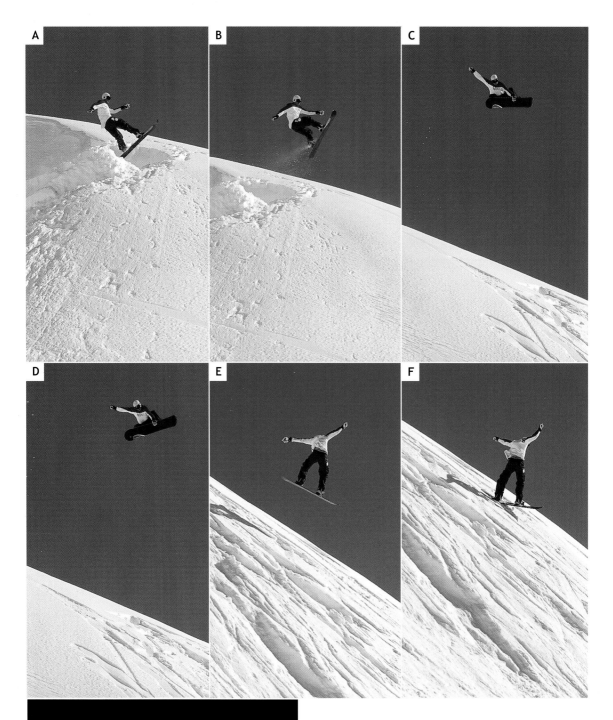

séquence

IL VOUS FAUT DE LA VITESSE, DE L'ÉQUILIBRE ET BEAUCOUP
D'ASSURANCE POUR ENTREPRENDRE UNE ROTATION À 360° CAR IL S'AGIT
D'EXÉCUTER UN TOUR COMPLET SUR SOI-MÊME EN MOUVEMENT VERS
L'AVAL. IL VAUT MIEUX COMMENCER À LA PRATIQUER SUR LE PLAT SANS
LE SURF : SAUTEZ, PIVOTEZ ET ATTERRISSEZ.

Rappelez-vous qu'il est impossible d'exécuter une
rotation à 360° la nuit, que vous soyez doué ou non. Le
sens du risque et l'équilibre qu'elle exige peuvent
prendre un certain temps à acquérir. Voyez cela d'avantage comme un processus que comme une fin en soi et
allez-y progressivement jusqu'à ce que vous puissiez

faire un tour complet. L'important est de vous surpasser et d'avoir du plaisir et de ne pas courir de risques inutiles. Si jamais vous parvenez à vos fins et réussissez à maîtriser cette figure, persévérez et continuez de hausser la barre, votre première 540 n'est pas si loin.

L'a b c du *halfpipe* (demi-tube)

Le *halfpipe* est l'un des aspects les plus enivrants du *freestyle*, il n'est donc pas étonnant que la popularité de cette discipline ne cesse de croître depuis quelques années. On a l'impression que, surgi du néant, il a envahi la planète en une nuit. Presque toutes les stations de ski favorables aux *snowborders* ont leur *halfpipe* construit selon les règles et bien entretenu.

LES STATIONS DE SKI DOTÉES D'UN *HALFPIPE* ORGANISENT SOUVENT DES COMPÉTITIONS QUI ATTIRENT UN GRAND NOMBRE DE SPECTATEURS ET QUI VOUS DONNENT L'OCCASION D'APPRENDRE DES PROFESSIONNELS.

S'élancer dans le *halfpipe* peut sembler intimidant aux débutants. Le meilleur conseil est d'y aller progressivement pour que les premières expériences ne soient pas seulement excitantes mais aussi sans risque. Une fois que vous aurez trouvé le courage de l'essayer, vous serez surpris de constater combien il est facile de maîtriser la base.

Regarder du haut du *halfpipe* la première fois, c'est presque terrifiant. Pour réprimer ces premières sueurs froides, faites une première descente jusqu'au fond du *halfpipe* pour vous familiariser avec les lieux.

Une fois remonté au sommet, non sans peine, la prochaine étape consiste à apprendre comment surfer sur les transitions (la partie du *halfpipe* faisant le lien entre le plat et le mur) du mur *frontside*. Pour les *regular* (réguliers), cela signifie le mur de droite ; pour les *goofy*, celui de gauche.

■ Vous êtes dans la position *regular*, genoux fléchis, le haut du corps droit, la tête et les épaules dans la direction où vous allez.

■ Lorsque vous arriverez au mur, amorcez un virage simple et bien exécuté sur la transition — ne gravissez pas le mur pour le moment — concentrez-vous sur le virage et sur la façon d'absorber la transition en fléchissant les genoux.

■ Après avoir changé de carre, dirigez-vous vers le mur arrière. Lorsque vous atteindrez la transition *backside*, amorcez un autre virage simple et bien exécuté, mais en prenant appui sur la carre côté talon cette fois.

■ Encore une fois, concentrez-vous sur la façon d'absorber la transition en fléchissant les genoux. Continuez votre descente, mais restez sur les transitions jusqu'en bas. Multipliez les descentes jusqu'à ce que vous ayez pris de l'assurance.

■ Ensuite pratiquez des rotations sur le mur. Comme précédemment, commencez sur le côté pointes et dirigez-vous vers le mur *frontside* dans la position *regular*, à vitesse moyenne.

■ Une fois rendu, fléchissez les genoux et continuez à surfer sur la transition et le mur. Dès que vous sentirez que vous commencez à ralentir, sautez, tournez la tête et le buste dans la direction du virage et faites pivoter le surf dans la direction inverse, vous posant sur le mur avec la carre talon.

■ Demeurez baissé et descendez la transition en l'absorbant avec vos genoux. Dirigez-vous vers le mur *backside*, et exécutez le saut à 180° côté talon de la même façon. N'oubliez pas de demeurer baissé et d'absorber la transition avec vos genoux. Comme précédemment, continuez votre descente du *halfpipe* en exécutant une série de sauts à 180° côté pointes et côté talon jusqu'en bas.

■ Continuez à pratiquer des sauts à 180° sur la basse partie des murs jusqu'à ce qu'ils ne présentent plus de difficulté pour vous. Puis, commencez à explorer le haut des murs en y allant progressivement en prenant plus de vitesse à l'approche.

■ Ne vous projetez pas trop fort lorsque vous aurez atteint des niveaux plus élevés, car vous pourriez manquer et le mur et la transition et atterrir sur le plat, un mouvement qui va anéantir votre élan et qui pourrait vous valoir de nombreuses ecchymoses et ébranler votre *ego*.

■ Concentrez-vous sur le maintien de votre élan et sur votre angle de descente qui doit être moyen. Continuez de pratiquer jusqu'à ce que vous atteigniez le sommet du mur et finissiez par aller au-delà de la lèvre pour exécuter votre rotation dans les airs.

■ Cela ne se fera pas du jour au lendemain ; par conséquent, prenez le temps qu'il faut, amusez-vous et continuez de vous surpasser sans courir de risques.

■ Rappelez-vous aussi que les virages *frontside* et *backside* dans le *halfpipe* ne sont que le début — essayez d'ajouter des rotations à 180° et de le faire en *fakie* lorsque vous vous sentirez prêt.

■ Observez les autres surfeurs dans le *halfpipe* peut vous apporter beaucoup, alors ouvrez les yeux pour apprendre des trucs et obtenir des conseils.

Les virages coupés

Pour certains surfeurs, les virages coupés exigent des conditions idéales. Pour de nombreux autres, il ne saurait y avoir autre chose. Décrire des arcs à grande vitesse sur une piste damée à texture de *corduroy* est si saisissant qu'après l'avoir fait vous pourriez bien ne plus jamais vous ennuyer des sauts. Apprendre la conduite coupée n'est rien d'autre que le prolongement et l'élargissement des compétences que vous avez acquises lorsque vous avez appris les virages de base.

Bien que la courbe des carres et la souplesse de la planche y soient pour quelque chose en virage de base, le surf, lui, dérape pour ainsi dire de part et d'autre de la ligne de pente. Un virage de base exploite une bonne partie de l'énergie et de la configuration de la planche, mais la fait aussi déraper latéralement de part et d'autre de la ligne de pente. La résistance ainsi créée vous ralentit, ce qui vous permet de maîtriser le mouvement. Tandis que dans un véritable virage coupé, seul la carre du surf est utilisée — le surfeur ne perd donc jamais son élan — et la vitesse est entièrement contrôlée par la déformation que subit la planche.

Règle générale, en *carving* pur (en conduite coupée), chaussures rigides et planche de *carving* sont

A PRATIQUEZ DES VIRAGES COUPÉS CÔTÉ POINTES SI VOUS ÊTES NOVICE EN DESCENTE ALPINE AVEC CONFIGURATION POUR CONDUITE COUPÉ.

B UN VIRAGE COUPÉ CÔTÉ TALON OFFRE BEAUCOUP PLUS DE RÉACTIVITÉ AVEC DES CHAUSSURES RIGIDES ET QUAND L'ANGLE DES FIXATIONS EST PLUS PRONONCÉ.

synonymes de maîtrise et de réactivité. Si vous avez l'habitude de surfer avec des chaussures souples, vous habituer aux chaussures rigides demande un certain temps. La différence la plus notable est que'à cause de la rigidité du surf et de la coque des chaussures, vous pourrez moins vous permettre d'erreurs.

Vous surferez aussi avec des fixations beaucoup plus en biais à cause de l'étroitesse de la planche de *carving* (voir angle des fixations p. 24). Il vaudrait mieux vous habituer quelques heures durant à vos nouveaux réglages avant de commencer vos exercices de *carving*.

Lorsque vous vous sentirez prêt à commencer, trouvez une pente damée de hauteur moyenne, assez large, présentant peu de variation de relief ou aucune. Commencez par enchaîner des traversées coupées de part et d'autre de la ligne de pente. Votre poids devrait être réparti également sur la planche, la tête et le buste dans la direction où vous allez et les bras de chaque côté du corps et non en avant et en arrière. Exécutez le virage comme vous avez l'habitude de le faire mais en vous concentrant sur l'obligation de garder la planche entièrement sur la carre. La réactivité propre aux chaussures rigides vous facilitera la tâche. N'oubliez pas de garder la tête et le haut du corps dans la direction du virage. Ce qui importe par-dessus tout est d'éliminer tout dérapage dans le virage. Faites en sorte que le talon du surf suive exactement la trace laissée par la spatule au moment d'amorcer le virage en utilisant le même point pour l'entrée et la sortie.

Après avoir accompli quelques virages de la sorte, arrêtez-vous et examinez vos traces ; elles devraient former une fine ligne arrondie d'un côté à l'autre de la pente. Si vous avez laissé une bande large dans la neige, c'est que vous dérapez encore. Continuez de pratiquer ces traversées coupées jusqu'à ce que vous puissiez constater qu'une seule carre a été utilisée lors du virage. Lorsque vous sentirez que les virages coupés en travers de la piste ne présentent plus de difficulté pour vous, essayez d'accroître votre vitesse et

d'augmenter progressivement votre angle de descente pour descendre plus à la verticale par rapport à la ligne de pente.

Commencez aussi à exécuter des virages plus serrés. Vous y réussirez en relevant davantage la planche sur sa carre ; plus l'angle de la planche est grand, plus le virage est serré. Avec le temps et l'expérience, vous parviendrez à effectuer des virages couchés. Les *virages Vitelli*, du nom du Français Serge Vitelli qui les inventa, sont le *nec plus ultra* du style et l'essence même du *high-speed carving*.

LA COURSE DE SLALOM OBLIGE LES PARTICIPANTS À SURFER LE PLUS VITE POSSIBLE ENTRE UNE SÉRIE DE PIQUETS.

Le *snowboard* de compétition

Pour certains intrépides, surfer en amateur ne suffit pas. Ce qu'ils aiment, c'est se mesurer à d'autres surfeurs dans des compétitions professionnelles.

Bien qu'on organise ce genre de compétition depuis bien des années, le sport vient tout juste d'acquérir ses lettres de noblesse en la matière. La preuve est que le *snowboard* vient d'être reconnu discipline olympiques aux Jeux olympiques d'hiver.

Bien que la plupart des surfeurs ne participeront jamais aux Jeux olympiques, les occasions de s'inscrire à des compétitions entre pairs de même niveau et de compétences égales sont nombreuses.

Les épreuves de vitesse

Les épreuves de vitesse sont aussi populaires chez les adeptes du *snowboard* que chez les spectateurs. Les épreuves de vitesse et celles du *halfpipe* sont maintenant officiellement des disciplines olympiques. Les principales épreuves de vitesse sont le slalom, le slalom géant, le slalom super géant (le super G), et le slalom parallèle. Les épreuves de slalom consistent en deux descentes par surfeur sur une piste présentant des portes rapprochées. Le surfeur cumulant le meilleur temps après deux descentes est déclaré vainqueur.

En slalom géant et en super G, la formule demeure la même, mais la distance entre les portes est plus grande. Une plus grande distance entre les portes signifie une plus grande vitesse, ce qui exige des niveaux de compétences plus avancés.

Les épreuves de slalom parallèle opposent deux surfeurs jusqu'à la ligne d'arrivée. Si votre station de ski est dotée d'une piste de slalom, il y a probablement des moments où elle est accessible à tous. Si vous tenez à essayer une de ces pistes, informez-vous au-

près de la station. Durant la saison, beaucoup de stations de ski organisent des événements gratuits pour lesquels les participants doivent payer de légers frais d'inscription. Vérifiez auprès de votre station locale la date de ses prochains événements, de même que celle des compétitions pour amateurs et professionnelles avec spectateurs.

Les compétitions de *halfpipe*

Ces compétitions spectaculaires attirent un grand nombre de spectateurs. Les concurrents sont jugés sur une série de descentes dans le tube, lesquelles sont évaluées selon la difficulté des figures réalisées et la qualité de leur exécution. Toutes les stations dotées de *halfpipes* les rendent généralement accessibles à tous. Par conséquent vous pouvez commencer à vous entraîner à cet endroit.

Vérifiez auprès de votre station locale si de tels événements gratuits sont organisés durant la saison (on ne demande généralement que de légers frais d'inscription). Bien que les compétitions officielles pour amateurs et professionnelles soient réservées aux personnes qualifiées, il vaut la peine d'y assister en tant que spectateur — vous pouvez apprendre beaucoup en regardant surfer les professionnels.

Le *boardercross*

Comme son nom l'indique, le *boardercross* est un mélange de *motocross* et de *snowboard*. D'habitude, il s'agit d'une course à six personnes sur une piste comportant des sauts, des vagues, des virages et divers autres obstacles. Le *boardercross*, c'est essentiellement une course contre la montre doublée de l'obligation de réussir la totalité du parcours. Comme les concurrents sont généralement près les uns des autres, il arrive souvent qu'une ou deux collisions se produisent. C'est la raison pour laquelle ils portent un casque et des éléments protecteurs, et la plupart des concurrents utilisent des chaussures rigides, ce qui permet de maximiser la vitesse et la précision.

Pour vous y mettre, il suffit de repérer une piste de *bordercross* à votre station locale et de l'essayer. Le service de renseignements de la station vous indiquera comment vous inscrire aux compétitions. Dans la plupart des cas, des événements gratuits (il y a généralement des frais d'inscription) sont prévus à intervalles réguliers au cours de la saison.

LES *HALFPIPES* SONT DE PLUS EN PLUS POPULAIRES PARCE QU'ILS OFFRENT AUX SURFEURS L'OCCASION DE PARFAIRE LEURS AUDACIEUSES FIGURES DE *FREESTYLE*.

À CAUSE DU RISQUE DE COLLISION ET PARCE QUE LE *BOARDERCROSS* COMPORTE DES OBSTACLES, LE PORT DU CASQUE ET D'ÉLÉMENTS PROTECTEURS EST FORTEMENT RECOMMANDÉ.

Les compétitions pour amateurs et professionnels ne sont accessibles, bien sûr, qu'aux personnes qualifiées, mais les frissons qu'elles procurent et les chutes spectaculaires qu'elles occasionnent font que les spectateurs sont comblés. Consultez le comptoir de renseignements pour connaître les événements à venir.

Le surf en pleine nature

La popularité du surf hors station marque un retour aux véritables racines du *snowboard*. Dans les premières années du sport, quand la plupart des stations de ski interdisaient le *snowboard*, les *snowborders* se réfugiaient en pleine nature pour surfer.

Bien que le problème de l'accessibilité aux pistes ne se pose plus aujourd'hui, ce qui motive surtout les gens à surfer en pleine nature est toujours le puissant attrait des paysages intacts, la neige vierge et le précieux sentiment de solitude qu'on ne saurait comparer à ce qu'offrent les stations de ski.

Sécurité hors des stations de ski

■ **Suivez un cours ou un séminaire sur la prévention des accidents liés aux avalanches.** Ces cours pratiques inestimables offrent de l'information sur la sécurité personnelle et les opérations de sauvetage. (Des organismes comme la National Ski Patrol of America et le Ski Club of Great Britain offrent d'excellents cours sur les mesures à prendre en cas d'avalanche pour débutants et avancés.)

■ **Lisez sur les avalanches.** Complétez l'information obtenue dans les cours par le plus de lectures possible sur le sujet. Gardez toujours un respect salutaire pour la nature, peu importe votre expérience hors des stations.

■ **Apprenez à reconnaître les terrains propices aux avalanches.** La plupart des avalanches ont des trajectoires particulières, sur des pentes nues variant entre 25° et 60°, mais les exceptions sont nombreuses. Pour faire une évaluation éclairée du risque d'avalanche, il est indispensable de comprendre la signification des diverses caractéristiques du terrain, dont l'angle des pentes, la disposition des rochers, des corniches et d'autres formations créées par le vent et la neige, des saillies et de la végétation.

■ **Exercez-vous à trouver des compagnons ensevelis** à l'aide de l'appareil de recherche de victimes d'avalanche, un petit dispositif émetteur permettant de trouver les skieurs ensevelis. Répétez jusqu'à ce que tous ceux et celles qui vous accompagnent soient capables de trouver d'où vient le signal le plus rapidement possible. Un accident suffit pour comprendre à quel point un tel niveau de préparation est important.

■ **Faites vos devoirs.** Faites toujours des recherches sur l'itinéraire à suivre et l'état de la neige à l'endroit précis où vous prévoyez surfer ou faire du ski.

■ **Appelez le centre d'avalanche local** et informez-vous des prévisions météorologiques présentes et à venir avant de partir en région éloignée. Préparez-vous à modifier vos plans et vos itinéraires ou les deux.

■ **Souvenez-vous du « facteur humain » et anticipez-le.** Pensez que les gens peuvent avoir des comportements indésirables en situation de stress. Votre attitude et celle de vos compagnons peuvent souvent faire la différence entre un voyage exempt de risques et une catastrophe. Assurez-vous de voyager avec des gens qui ont les mêmes buts que vous et la même attitude.

Une fois en pleine nature

■ **Apportez toujours des équipements de secours en cas d'avalanche,** dont des appareils de recherche de victimes, des sondes à avalanche et des pelles (en plus de l'équipement de camping, des vêtements de rechange, des aliments à haute valeur énergétique et beaucoup d'eau). Chaque membre du groupe doit transporter un appareil de recherche de victime, une sonde et une pelle et savoir comment les utiliser.

■ **Prenez conscience des environs.** Demeurez vigilant et à l'affût de la moindre information faisant état de glissements possibles, ce qui comprend les derniers rapports d'avalanche, les modifications de terrain, la couverture de neige et le temps.

■ **Examinez la stabilité de la couverture de neige.** Comme pour l'étude des caractéristiques du terrain, l'analyse de la couverture de neige exige des années d'expérience. Plusieurs tests révèlent cependant l'épaisseur du champ de neige qui peuvent aider à évaluer le risque de neige instable. Ce sont, entre autres, le test du bâton de ski, le test du trou dans la neige et les tests de résistance.

■ **Traversez un à un les pentes présentant des risques d'avalanche.** Si vous doutez de la stabilité d'une pente, mais que vous avez quand même l'intention de la traverser, n'exposez qu'une personne à la fois au danger. En montée ou en traversée, chaque personne doit être à au moins 90 m de l'autre. Une seule personne à la fois devrait gravir les pentes raides et étroites et un seul surfeur à la fois devrait les descendre. Il ne s'agit pas seulement de minimiser le nombre de personnes qui risqueraient d'être prises par l'avalanche (et donc de maximiser le nombre de personnes disponibles pour le sauvetage), mais aussi de réduire la contrainte exercée sur la couverture de neige.

■ **Ayez le courage de savoir quand ne pas y aller.** Pour reprendre les mots d'un expert en prévention d'accidents du Colorado : « Aucun virage ne vaut que vous fassiez subir l'épreuve de votre décès à vos amis et à votre famille. »

(Les recommandations ci-dessus ont été reproduites avec la permission de la National Ski Patrol).

La beauté d'une aventure en pleine nature c'est qu'on peut y faire de la raquette un après-midi ou y passer quelques jours en camping. La meilleure façon pour un débutant d'aborder le surf en région sauvage est de se faire accompagner par un guide expérimenté. On peut embaucher des guides par l'intermédiaire de

LES AVALANCHES SE PRODUISENT SANS PRÉVENIR ET PEUVENT ÊTRE MORTELLES ; PAR CONSÉQUENT, NE SURFEZ JAMAIS EN RÉGIONS SAUVAGES SANS ÊTRE ADÉQUATEMENT PRÉPARÉ.

sa station locale ou en ayant recours aux petites annonces. Les régions éloignées, par leur nature sauvage indomptée, peuvent offrir des conditions de surf et des terrains incomparables, mais il faut se rappeler que le hors-piste signifie aussi risques élevés.

En un mot, il n'existe pas de manuel qui puisse vous enseigner les nombreux aspects des habiletés requises pour surfer sans danger en zone sauvage. Vous rendre sur place avec un instructeur qualifié est la seule façon de savoir exactement comment éviter les accidents potentiellement mortels et comment ne pas déclencher d'avalanche. Dans le pire des scénarios, ces leçons ne peuvent que vous faire réagir de la façon appropriée en cas d'avalanche.

Les recommandations de la National Ski Patrol (p. 69-71) passent brièvement en revue les règles de sécurité hors-piste. Vous devriez les lire attentivement et les mettre en pratique. Elles ne sauraient cependant se substituer, en aucun cas, à un cours de formation reconnu.

■ **Ne négligez pas les indices.** Les signes précurseurs d'avalanches sont là, il faut y prêter attention. Si vous avez suivi une formation et si vous communiquez constamment avec vos compagnons, vous ne devriez pas avoir de difficulté à prendre les bonnes décisions lorsque vous surfez hors-piste.

■ **Évitez de surfez hors-piste seul.** Ne quittez jamais le groupe, car vous pourriez vous retrouver seul en pleine nature en cas d'accident.

■ **Ne présumez pas que les terrains de prédilection des avalanches sont les vastes endroits découverts.** Si la plupart des glissements se produisent sur les larges pentes raides ou douces, ils peuvent aussi survenir dans les couloirs ou dans la forêt. Dites-vous bien que là où vous pourrez skier ou surfer, l'avalanche pourra aussi y faire son chemin.

■ **Ne surfez jamais hors-piste** ou le lendemain d'une grosse tempête. Attendez 24 heures que la couverture de neige se fixe.

■ **Ne pensez pas qu'une pente est sans danger parce que des traces y sont visibles.** Le vent, le soleil et la température modifient constamment la stabilité de la couverture de neige. Ce qui ne présentait pas de risque hier (ou ce matin) pourrait cet après-midi. Qui plus est, lorsque vous traversez une pente, vous exercez une contrainte sur la couverture de neige qui peut la faire glisser.

■ **N'allez pas penser qu'il n'y a pas de danger parce que vous portez un appareil de recherche** de victime. Bien qu'un tel appareil soit indispensable en régions éloignées, ne croyez pas que vous n'avez rien à craindre.

■ **Ne permettez pas à votre désir de surfer** sur les pentes les plus raides ou sur la neige la plus fraîche d'altérer votre jugement. Ne pas perdre la vie est toujours ce qui importe le plus.

■ **Ne craignez pas de dire que vous avez peur.** Les experts sont unanimes : « Personne ne vous critiquera pour avoir voulu être prudent en régions éloignées. »

■ **Ne vous considérez pas comme un expert des avalanches.** Vous aurez beau avoir suivi des cours et beaucoup surfé hors-piste, cela ne signifie pas que vous connaissez tout sur les avalanches.

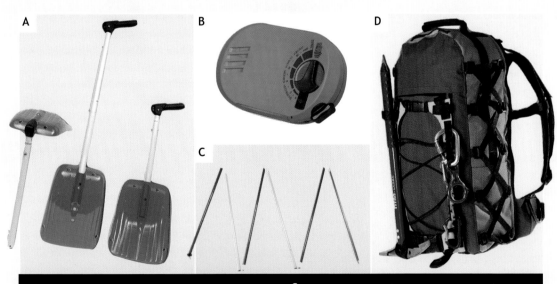

L'ÉQUIPEMENT DE SECOURS DE BASE

A LES PELLES SONT UTILISÉES POUR DÉTERRER LES VICTIMES D'AVALANCHE MAIS PEUVENT AUSSI SERVIR À CONSTRUIRE UN ABRI DE NEIGE.

B UN APPAREIL DE RECHERCHE DE VICTIMES PEUT ÉMETTRE ET RECEVOIR UN SIGNAL RADIO CONSTANT POUR LOCALISER LES VICTIMES D'AVALANCHE ENSEVELIES.

C LES SONDES SONT UTILISÉES POUR LOCALISER AVEC PRÉCISION LES VICTIMES ENSEVELIES UNE FOIS QU'ELLES ONT ÉTÉ REPÉRÉES PAR L'ÉMETTEUR-RÉCEPTEUR.

D LE SAC DE MONTAGNE CONTIENT LA TROUSSE DE SECOURS ET LE MATÉRIEL. IL VOUS PERMET AUSSI DE TRANSPORTER UN SNOW DANS VOTRE DOS EN MARCHANT.

Sécurité et prévention

Comme c'est le cas pour tous les sports extérieurs, le *snowboard* présente certains risques potentiels qu'il faut cerner. Au chapitre de la prévention des accidents et des blessures, la première démarche consiste à connaître précisément les risques en cause. Règle générale, les blessures auxquelles s'exposent les surfeurs, que ce soit à la tête ou au corps, sont peu importantes.

Protégez-vous!

Il est néanmoins essentiel que vous portiez des vêtements protecteurs et que vous preniez d'autres mesures de sécurité sur les pentes. Toutes les blessures ne sont pas dues à des chutes. Ainsi, il est facile d'être victime d'une élongation musculaire, surtout si vous ne faites pas d'exercices d'assouplissement d'une manière régulière ou si vous négligez de faire des échauffements avant de vous élancer.

La sécurité, ce n'est pas seulement la préparation physique et de bons vêtements matelassés — il est aussi très important de savoir quelle attitude adopter en montagne ou dans un parc. Cela veut dire comprendre les risques potentiels que présentent les sports d'hiver.

Il est également important de savoir lire la carte des pistes de la station de ski. Vous vous assurerez ainsi de surfer sur des terrains conçus pour répondre spécifiquement à votre niveau de compétence.

Ceux qui n'ont pas beaucoup d'expérience en sports d'hiver devraient aussi prendre le temps de se familiariser avec les règles de la station. Ils doivent apprendre à surfer de façon responsable et en tenant compte de la sécurité des autres surfeurs. Le *snowboard* est certes fait pour avoir du plaisir, mais si vous comprenez et cernez les risques potentiels, vous pourrez vous amuser davantage, plus longtemps. Prenez le temps de lire sur les mesures à prendre, les dangers potentiels et les questions de sécurité, et vous serez surpris de la rapidité avec laquelle vous en viendrez à surfer en toute sécurité et de manière responsable.

ci-contre SURFER EN TOUTE SÉCURITÉ, C'EST PRENDRE DE SAGES PRÉCAUTIONS POUR NE PAS AVOIR LA MALCHANCE DE FAIRE UNE CHUTE EN NEIGE PROFONDE.

ci-dessus LE PORT D'UN CASQUE ET DE LUNETTES DE SKI VA DE SOI, COMME LE FAIT CE JEUNE SURFEUR DE *FREERIDE* POUR MINIMISER LES RISQUES DE BLESSURES TOUT EN S'AMUSANT.

LE CASQUE EST UNE COIFFURE PROTEC-TRICE IMPORTANTE TANT POUR LES DÉBUTANTS QUE POUR LES SURFEURS AVANCÉS.

Prévenir les blessures les plus fréquentes

■ **Blessures à la tête et blessures corporelles**

Comme surfeur novice, vous avez probablement dû apprendre à la dure et connaissez bien le *body slam* du débutant (lorsque le surfeur prend appui sur la mauvaise carre et chute brutalement).

■ Ce type de chute peut être éprouvant pour le corps et pour l'*ego*, mais les blessures qu'il inflige sont généralement de peu d'importance. À mesure que le surfeur prend de l'assurance et passe à des niveaux de compétence supérieurs cependant, le risque de blessures réelles augmente considérablement.

■ Pour surfer sans se blesser, débutants et avancés feraient bien d'investir dans de bons vêtements de protection spécialement conçus pour le *snowboard*.

■ Le **CASQUE** est de plus en plus populaire, surtout depuis qu'un plus grand nombre d'adeptes de *freestyle* désirent avoir du succès et mesurer leurs limites dans les parcs et les *pipes*. Les adeptes de *freeride* qui prennent goût à surfer en sous-bois ou sur des terrains plus extrêmes peuvent aussi profiter de la sécurité qu'offre le casque.

■ Ces casques sont légers, confortables et n'obstruent pas la vue.

■ Faits de plastique résistant, ces casques respirent, c'est-à-dire que le matelassage à l'intérieur laisse passer l'humidité de la tête et libère l'excès de chaleur par des trous pratiqués dans la coque.

■ Porter des **PROTÈGE-POIGNETS** ou ne pas en porter pourraient littéralement vous faire aimer ou détester le *snowboard*. Les protège-poignets peuvent littéralement faire que vous aimerez ou détesterez le *snowboard* selon que vous en porterez ou non, car lorsque vous

chutez en avant (et vous chuterez), vous avez le réflexe de vous protéger avec les mains.

■ Évitez de tomber sur les mains, car vous pourriez vous étirer les muscles des poignets, ce qui pourrait se traduire par un vilain claquage ou pire encore. Chacun des protège-poignets comporte un renfort qui prévient les élongations.

■ La plupart sont légers et sont conçus pour être portés sous les gants ou les mitaines.

■ **GENOUILLÈRES** et **PROTÈGE-FESSES**

Ils matelassent vos genoux et vos fesses et sont spécialement conçus pour fournir une protection additionnelle aux deux parties les plus susceptibles d'entrer en contact avec la neige (ou la glace) en cas de chute.

■ On peut aisément trouver ces articles dans les boutiques de *snowboard*. Dans certaines d'entre elles les genouillères, protège-fesses et protège-poignets sont compris dans la location pour les débutants.

Soyez prêt, apportez une trousse de premiers soins

Vous devriez transporter une trousse de secours compacte et robuste pouvant répondre aux urgences courantes dans votre sac de *snowboard*. C'est surtout important si vous surfer hors-piste ou en régions éloignées. N'oubliez pas d'y mettre l'indispensable c'est-à-dire des tampons de gaze hydrophile, de la ouate, des pansements adhésifs, des ciseaux, des comprimés de base (analgésiques, antidiarrhéiques et antihistaminiques), des gouttes ophtalmologiques, une pommade antiseptique et un thermomètre.

Prévenir les claquages musculaires

Comme pour toute activité physique énergique, il est important de faire des échauffements avant de s'élancer et aussi quelques étirements à la fin de la journée. Une brève séance d'exercices aérobiques et d'étirements préviendra les blessures musculaires, accroîtra la souplesse et vous fera beaucoup mieux surfer que vous ne le feriez sans.

Idéalement, vous devriez faire une série d'exercices d'assouplissement (*stretching*) pour favoriser la flexibilité et la souplesse. Assouplissez tout au moins les principaux groupes musculaires avant d'entreprendre votre journée de *snowboard*.

Exercices d'assouplissement (*stretching*) de base
Assouplissement des quadriceps

Pour commencer, tenez-vous debout à environ une longueur de bras d'une chaise ou d'un autre objet susceptible d'assurer votre stabilité (A). Pliez la jambe gauche en la saisissant par la cheville à l'aide de la main droite et ramenez le talon vers les fesses (B). Servez-vous de la chaise ou du mur pour garder votre équilibre si besoin est. Tirez progressivement jusqu'à ce que vous sentiez une certaine tension à l'avant de la cuisse, puis maintenez cette position 10 à 15 secondes. Répétez avec l'autre jambe (C) et continuez d'alterner jusqu'à ce que vous ayez étiré chacun des quadriceps trois fois.

Assouplissement des ischio-jambiers et des muscles du dos

Asseyez-vous par terre, allongez la jambe gauche devant vous et pliez la droite de manière à former un angle de 90° avec la gauche (D) en appuyant le pied droit contre l'intérieur de la cuisse de la jambe gauche. Vos jambes devraient prendre la forme du chiffre 4. Commencez par toucher le bout du pied de la jambe gauche avec les deux mains en y allant progressivement (E). Vous devriez sentir l'étirement à l'arrière de la jambe et au bas du dos. Gardez cette position, étirement bien dosé, 10 à 15 secondes. Ensuite changez de jambe et répétez l'exercice (F). Faites trois étirements pour chaque jambe. Petit à petit, essayez de tenir votre pied dans vos mains pendant l'étirement.

séquence EXERCICES D'ASSOUPLISSEMENT DES QUADRICEPS (A, B ET C) ET DES MUSCLES DU BAS DU DOS (D, E ET F).

Assouplissement du mollet

Mettez vous debout à une demi-longueur de bras d'un mur, face à celui-ci avec les jambes en ciseaux. Le pied gauche est légèrement derrière le droit (A). Mettez vos mains sur le mur à peu près à la hauteur de la tête, puis fléchissez progressivement le genou arrière jusqu'à ce que vous sentiez une certaine tension au mollet (B). Tenez la position 10 à 15 secondes. Changez de position et répétez avec l'autre jambe (C). Alternez jusqu'à ce que vous ayez étiré chaque mollet trois fois.

Assouplissement de l'aine

Asseyez-vous par terre les jambes pliées, le genoux vers l'extérieur et plantes des pieds réunies (D). Commencez par rapprocher les pieds jusqu'à ce qu'ils soient à quelques centimètres du bassin, puis pendant que vous les maintenez dans cette position, penchez-vous progressivement vers l'avant (E). Ne faites pas de mouvements brusques, allez-y lentement en vous concentrant bien. Tenez cette position 10 à 15 secondes ou jusqu'à ce que vous commenciez à sentir une certaine tension à l'aine.

séquence EXERCICES D'ASSOUPLISSEMENT POUR LE MOLLET (A,B ET C) ET POUR LES MUSCLES DE L'AINE (D ET E).

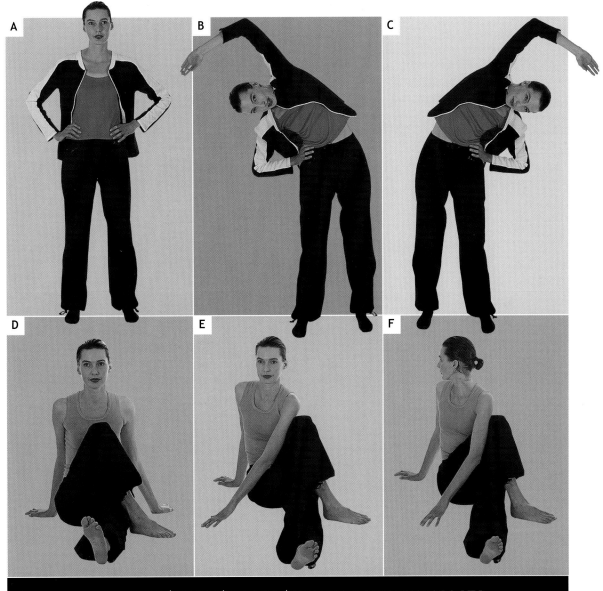

séquence EXERCICES D'ASSOUPLISSEMENT : ÉTIREMENT LATÉRAL (A, B ET C), ÉTIREMENT DE LA COLONNE ET DE LA HANCHE (D, E ET F).

Étirement latéral

Debout, pieds écartés (l'équivalent de la largeur des épaules environ) et mains sur les hanches (A). Bien droit, levez lentement la main droite par-dessus la tête en vous penchant du côté gauche (B).

Gardez cette position jusqu'à ce que vous sentiez une certaine tension du côté droit du torse. Gardez cette position 10 à 15 secondes, puis répétez de l'autre côté (C).

Étirement de la colonne et de la hanche

Asseyez-vous, jambe gauche allongée devant vous, jambe droite pliée et par-dessus votre genou gauche (D). Commencez par placer l'avant-bras gauche contre l'extérieur du genou droit et poussez doucement sur celui-ci vers l'intérieur en mettant la main droite par terre derrière vous (E). Tournez le torse dans le sens horaire jusqu'à ce que la tête soit parallèle à l'épaule (F). Gardez cette position 10 à 15 secondes ou jusqu'à ce que vous sentiez une certaine tension le long de la hanche et de la colonne. Changez de côté et répétez l'exercice.

Les assurances

Outre les mesures à prendre pour éviter les blessures, c'est-à-dire avoir des vêtements matelassés et l'équipement qui convient, la prise d'une assurance, qui couvre bien les risques auxquels le *snowboard* vous expose, est essentiel avant de partir en vacances.

Cela va sans dire que la raison doit l'emporter chaque fois que vous participez à une aventure sportive à risques élevés : obéissez aux « règles de barre et de route » en montagne et dans les parcs et ne vous livrez pas à des activités au-dessus de vos capacités et de vos compétences.

Conseils au sujet des assurances voyage

■ Les assurances voyage couvrent la plupart des imprévus, mais il est important de trouver une société établie ou réputée, ou un courtier d'assurances avant de souscrire à une assurance sportive.

■ Lisez les petits caractères afin d'être certain que la police s'applique aux *snowboard*.

■ L'assurance sportive sous forme de forfait devrait comprendre la perte de l'équipement ou les dommages à l'équipement, couvrir les délais, les coûts liés aux recherches en montagne et aux secours, à l'évacuation et aux soins médicaux sur place ou à l'hospitalisation. Demandez conseil auprès d'un avocat si vous hésitez.

■ Rappelez-vous que vos assurances peuvent être annulées si vous avez négligé consciemment de tenir compte des panneaux indicateurs de risques d'avalanche ou d'autres dangers comme les barrières interdisant l'accès à certaines pistes dangereuses.

■ Vérifiez si votre police vous couvre bien dans certaines conditions comme lorsque vous surfez sur poudreuse ou que vous êtes dans le parc ou dans le *halfpipe*. Si vous visitez une station de *snowboard*, voyez si l'on exige que vous signiez un formulaire d'abandon de recours et d'indemnisation avant de surfer.

■ Dans la plupart des cas, votre ticket de remonte-pente tient lieu d'abandon de recours dans les stations. Le fait d'acheter votre ticket de remonte-pente et de l'utiliser libère automatiquement la station de toute responsabilité quant aux blessures personnelles dont vous pourriez être victime en prenant part à une activité, quelle qu'elle soit, sur les lieux dudit établissement.

■ « Carte-Neige », un organisme présent partout dans le monde qui couvre les recherches en hélicoptère et les opérations de sauvetage seulement, constitue un complément utile à votre police d'assurance voyage ordinaire, et on peut souvent l'acheter avec le ticket de remonte-pente. Cependant, ne croyez pas qu'elle puisse remplacer une autre assurance puisqu'elle ne couvre que le sauvetage et l'évacuation en montagne et quelques soins médicaux ultérieurs. « Carte-Neige » ne couvre pas non plus les compétitions de *snowboard*.

Les risques liés au milieu

Le plaisir du *snowboard* suppose un certain degré de risque et il vaut mieux de pas apprendre à la dure sur une montagne enneigée. La première chose à faire pour éviter de se retrouver en situation difficile, c'est d'apprendre à prévoir et à reconnaître les pièges potentiels du milieu. C'est aussi la meilleure façon de bien profiter de votre passage à la montagne.

La déshydratation

Elle se réalise lorsque le corps perd une grande partie de son eau. Les personnes les plus vulnérables sont celles qui n'ont pas l'habitude des hautes altitudes ou qui ne sont pas acclimatées à l'air sec de la montagne. Surveillez les symptômes qui sont la soif excessive, la perte d'appétit, le mal de tête, les nausées et les étourdissements. Vous pouvez éviter la déshydratation en buvant continuellement de l'eau pendant et après votre journée sur les pentes. Ne consommez pas de boissons contenant de la caféine, car elles agissent comme des diurétiques et ne feront qu'accélérer la déshydratation.

Rappelez-vous que les symptômes apparaissent une fois la déshydratation réalisée ; par conséquent, n'attendez pas d'avoir soif pour boire. Règle générale, il faut boire au moins 200 à 400 ml pour 20 minutes d'exercice.

L'hypothermie

L'hypothermie, un état potentiellement grave, est l'abaissement de la température du corps au-dessous de la normale. La baisse de température du corps est due à l'exposition à des températures extérieures basses et se produit surtout lorsque les réserves d'énergie de l'organisme sont épuisées. Les symptômes courants de l'hypothermie légère sont le repli sur soi et les frissons, mais l'hypothermie grave peut se traduire par la confusion et le collapsus. Il vaut mieux la prévenir que la guérir. Portez des vêtements qui conviennent aux conditions météorologiques et consommez régulièrement des aliments riches en glucides pour maintenir une glycémie normale.

Si vous croyez souffrir d'hypothermie ou qu'une personne qui vous accompagne en souffre, rentrez immédiatement vous réchauffer. Vous pouvez le faire en buvant un verre de chocolat chaud, en vous habillant plus chaudement ou en vous enroulant dans une couverture. Évitez le thé, le café et les boissons alcoolisées puisqu'ils peuvent déprimer ou stimuler le système nerveux. Si l'état de la victime semble se détériorer, amenez-la aux soins d'urgence ou à l'hôpital le plus tôt possible.

L'altitude

L'air en haute montagne est beaucoup moins saturé d'oxygène que celui qu'on trouve près du niveau de la mer. En moyenne, il faut trois jours à une personne pour s'acclimater à la faible densité de l'air à haute altitude.

Si vous n'êtes pas complètement acclimaté, le symptôme le plus manifeste sera une perte de la capacité aérobique. Cela signifie que des activités que vous aviez l'habitude de faire sans difficulté en temps normal vous laisseront hors d'haleine au début.

Rappelez-vous d'y aller lentement : trouvez votre rythme et acceptez le fait que vous vous fatiguerez beaucoup plus rapidement qu'à l'habitude. Surfer à haute altitude a aussi une influence sur la consommation d'alcool dont elle augmente l'effet ; par conséquent, abstenez-vous de consommer de l'alcool en surfant.

Les engelures

Les engelures sont dues à l'exposition au froid intense et peuvent causer de graves lésions. Elles commencent généralement à apparaître aux extrémités, c'est-à-dire aux doigts, aux orteils et aux endroits exposés tel le visage, surtout au nez. Si vous prévoyez surfer dans des conditions de froid extrême, assurez-vous de ne laisser aucune partie

du corps exposé en portant les vêtements de protection qui s'imposent. Soyez vigilant et réfugiez-vous à l'intérieur au moindre signe d'engourdissement ou de perte de sensation. Si vous croyez que vous souffrez d'engelure ou qu'une personne vous accompagnant pourrait en souffrir, il faut vous faire soigner immédiatement.

L'exposition aux ultraviolets (insolation)

Les gens ont tendance à sous-estimer la force des rayons ultraviolets (UV) quand ils sont à la montagne ou surfent sur la neige et ignorent les dangers qu'ils représentent. Se couvrir la tête n'est tout simplement pas suffisant pour vous protéger des nocifs UVA et UVB. La neige reflète jusqu'à 80 % des rayons du soleil (les rayons UVA et UVB sont responsables des insolations et du bronzage, mais les UVB aussi du vieillissement de la peau et des rides). Comme pour les sports nautiques telles la voile ou la planche à voile, la plupart des rayons UV peuvent venir d'en dessous. Les rayons ultraviolets que reflète la neige sont tout aussi puissants que ceux qui viennent du soleil, même par temps nuageux, brumeux ou couvert.

Conseils pour éviter les insolations

USER DE PRUDENCE EN UTILISANT UNE LOTION SOLAIRE DONT LE FPS EST ÉGAL OU SUPÉRIEUR À 15.

■ Couvrez toujours abondamment toute partie exposée d'un écran solaire à large spectre protégeant contre les rayons UVA et UVB.

■ Appliquez l'écran solaire au moins 30 minutes avant de vous exposer aux rayons pour que la lotion puisse pénétrer l'épiderme.

■ La crème doit avoir un facteur de protection solaire égale ou supérieur à 15 ; un facteur inférieur à 15 ne constitue pas une barrière protectrice efficace.

■ L'éblouissement que produisent les rayons UV peut aussi se révéler dangereux pour les yeux ; ne surfez jamais sans lunettes protectrices ou de bonne lunettes de soleil offrant une protection adéquate contre les ultraviolets.

Surfer de façon responsable

La plupart des surfeurs seraient ravis d'avoir les pentes à eux seuls; ce n'est, hélas, pas souvent le cas. Agir de façon responsable, c'est, pour une bonne part, être capable de respecter les autres et ne pas mettre leur sécurité en danger. Comme nouveaux venus dans le monde des stations de ski, les *snowborders* ont été critiqués pour leur manque de responsabilité et de courtoisie à l'égard des autres usagers des pentes. Apprenez les règles et suivez-les. Vous pourrez ainsi contribuer à dissiper cette mauvaise réputation.

L'importance de la carte des pistes

Les stations de ski se démènent pour créer des cartes de pistes qui soient à jour, faciles à consulter et qui fournissent des détails sur l'ensemble des terrains accessibles. Elles sont distribuées gratuitement et il est facile d'en trouver. Il y en a toujours au comptoir

Votre code de responsabilité

On peut apprécier le *snowboard* de bien des manières. Quelle que soit la vôtre, soyez toujours courtois avec les autres et pensez qu'on peut réduire les risques des skieurs ou des surfeurs en prenant personnellement conscience des dangers potentiels et en utilisant sa raison. Apprenez le code, vous êtes en cause.

■ Soyez toujours maître de la situation et apprenez à vous arrêter ou à éviter les autres personnes ou les objets.
■ Les personnes qui vous précèdent ont préséance sur vous. Il est de votre responsabilité de les éviter.
■ Vous ne devez pas vous arrêter là où vous pourriez obstruer le passage, ou là où on ne peut vous voir d'en haut.
■ Chaque fois que vous amorcez une descente ou que vous arrivez au point de rencontre d'une autre piste, regardez en direction du sommet et criez pour aviser les autres.
■ Servez-vous toujours de dispositifs permettant d'éviter que votre équipement ne dévale la pente sans vous.
■ Respectez tous les panneaux indicateurs et avertissements. N'allez pas sur les pistes fermées et n'entrez pas dans les endroits interdits.
■ Avant d'utiliser le remonte-pente, vous devez savoir comment vous en servir.

(Extraits ci-dessus reproduits avec la permission de la National Ski Patrol).

ou vous achetez votre ticket à l'intérieur de la station ou dans la file d'attente. Les cartes sont précieuses, car elles vous indiquent les postes de premiers soins, le niveau de difficulté des pentes et leur inclinaison sur le territoire de la station. Il est important de consulter la carte des pistes chaque fois que vous surfez et de toujours en gardez une copie avec soi. Ainsi, vous pourrez organiser votre itinéraire et éviter de vous retrouver sur une piste trop avancée pour vos compétences. Un autre avantage des cartes, c'est qu'elles vous permettent de repérer des endroits moins populaires où vous pourrez vous pratiquer et acquérir plus d'expérience.

Les surfeurs préfèrent se concentrer sur l'aspect plaisir du *snowboard*, mais il faut savoir où se trouvent la halte de mi-parcours et les postes de premiers soins en cas d'accident, à défaut de quoi vous aurez des problèmes. Consulter la carte des pistes vous allouera plus de temps pour surfer à la longue en vous aidant à trouver le type de descente qui vous cherchez.

Comment lire une carte des pistes

Pour vous aider à passer une journée de surf agréable à l'abri des risques, la carte locale vous indique le niveau de difficultés de chacune des pentes. Celui-ci est déterminé par des experts qui évaluent l'inclinaison des pentes et l'ensemble des difficultés qu'offre le terrain.

Bien que les symboles utilisés en Amérique du Nord diffèrent de ceux employés dans les stations d'Europe et d'ailleurs, les cartes présentent toujours une légende qui les explique clairement. Si vous n'êtes pas convaincu, demandez l'aide d'un professionnel de la station locale.

Il est important de connaître vos limites et de ne pas vous aventurer sur des terrains dépassant vos compétences. Même si vous êtes un surfeur chevronné, ne laissez pas vos compagnons vous persuader de surfer sur des branches d'arbre ou de sautez d'un escarpement à moins d'être certain de pouvoir maîtriser la situation. Il faut aussi se rappeler que les niveaux de difficulté indiqués sur la carte le sont par rapport aux terrains qu'offre chaque station, c'est-à-dire qu'une descente classée intermédiaire dans une plus grande station de ski avec des pentes plus difficiles conçus pour des surfeurs experts pourra sembler avancée si vous avez l'habitude de surfer dans des stations de ski plus modestes.

IL EST À NOTER QUE L'AMÉRIQUE DU NORD ET L'EUROPE N'UTILISENT PAS LES MÊMES SYMBOLES POUR CE QUI EST DES NORMES ET DES NIVEAUX DE DIFFICULTÉS.

■ Les PISTES POUR DÉBUTANTS sont désignées par un trait vert (A) dans tout l'Europe et par un cercle vert (B) dans toute l'Amérique du Nord.

■ Les PISTES FACILES sont désignées par un trait bleu (D) dans toute l'Europe, tandis que le carré bleu (C) désigne un terrain intermédiaire dans toute l'Amérique du Nord.

■ Les TERRAINS INTERMÉDIAIRES sont désignés par un trait rouge (G) dans toute l'Europe.

■ Les TERRAINS DIFFICILES sont désignés par un trait noir (H) aussi bien en Europe qu'en Amérique du Nord.

■ Les stations de ski nord-américaines ont deux niveaux avancés de terrains : le losange noir (E) désigne un TERRAIN DE DIFFICULTÉ accrue et le double losange (F) un TERRAIN TRÈS DIFFICILE.

■ Les PARCOURS HORS-PISTE tant en Europe qu'en Amérique du Nord sont désignés par une ligne pointillée (I). Bien que les parcours hors-piste soient à l'intérieur du territoire de la station, ils ne sont pas réguliè-rement patrouillés et damés et ne devraient être utilisés que par des surfeurs chevronnés ayant des connaissances en hors-piste. Consultez le guide avant de vous aventurer dans ces endroits.

■ Les TYPES DE REMONTE-PENTES sont généralement dési-gnés par des symboles clairs, que ce soit le remonte-pente simple, double, la télécabine ou le télé-siège. Ils peuvent néanmoins va-rier d'une station à l'autre, mais les symboles utilisés seront clai-rement visibles dans la légende.

■ D'AUTRES SYMBOLES seront utilisés pour désigner la halte de mi-parcours, le comptoir de renseignements et les postes de premiers soins et de la pa-trouille de ski. Ces endroits seront clairement indiqués sur la carte des pistes de la station et seront d'une grande utilité.

Europe	Amérique du Nord	
A	B	C
D	E	F
G		
H		
I		

A TRÈS FACILE (EUROPE)

B FACILE (AMÉRIQUE DU NORD)

C INTERMÉDIAIRE (AMÉRIQUE DU NORD)

D FACILE (EUROPE)

E DIFFICULTÉ ACCRUE
  (AMÉRIQUE DU NORD)

F TRÈS DIFFICILE (AMÉRIQUE DU NORD)

G INTERMÉDIAIRE (EUROPE)

H DIFFICILE
  (EUROPE ET AMÉRIQUE DU NORD)

I HORS-PISTE
  (EUROPE ET AMÉRIQUE DU NORD)

Les meilleurs endroits dans le monde

Maintenant que vous êtes accro, vous n'avez plus qu'à choisir une station de ski qui vous permette d'apprécier votre nouveau talent. Si vous débutez, cherchez une station qui accepte les *snowboarders*, qui offre divers terrains, des instructeurs professionnels et loue des équipements à prix abordables. Les organismes de *snowboard* offrent aussi de précieux conseils concernant les bonnes écoles de formation et les associations associées à la Fédération international de ski (FIS).

Écoles de formation

DELANEY SNOWBOARD CAMPS
- 4876 Sterling Dr, Suite 14, Boulder, CO 80301, USA
- Tél. : 1 800 743-3790 ; 1 303 440-7921 x195 Colorado
- Fax : 1 303 440-4160
- Courriel : delaney@nilenet.com
- Site Web : www.delaneysnowboarding.com

HIGH CASCADE SNOWBOARD CAMP
- PO BOX 6622, Bend, OR 97708, USA
- Tél. : 1 800 334-4272 ou 1 541 389-7404
- Courriel : highcascade@highcascade.com
- Site Web : www.highcascade.com

SNOWBOARD CAMP OF CHAMPIONS
- Whistler, Colombie-Britannique, CANADA
- Tél. : 1 604 938-3450
- Courriel : info@campofchampions.com
- Site Web : www.campofchampions.com

SKI CLUB OF GREAT BRITAIN
- 57-63 Church Road, London, SW19 5SB, UK
- Tél. : 44 20 8410-2000
- Fax : 44 20 8410-2001
- Offre des renseignements sur tous les sports d'hiver
- Site Web : www.skiclub.co.uk

Associations de *snowboard*

DANS LE MONDE
- **Fédération Internationale de Ski** (FIS)
- Suisse
- Site Web : www.fis-ski.com

- **International Snowboard Federation (ISF)**
- PO Box 5688, Snowmass Village, CO 81615, USA
- Tél. : 1 970 923-7669
- Site Web : www.isf.ch

États-Unis d'Amérique
- **United States Ski and Snowboard Association**
- Tél. : 1 435 647-2666
- Site Web : www.ussa.org/snowboard/snowboard.htm

- **United States of America Snowboard Association (USASA)**
- Site Web : www.usasa.org

CANADA
- **Canadian Ski and Snowboard Association**
- 305-2197 Riverside Drive
- Ottawa, Ontario, K1H 7X3
- Tél. : 1 613 236-8998
- Courriel : cssa-skisnowboard@home.com

ROYAUME-UNI
- **British Ski and Snowboard Federation**
- Hillend, Biggar Road, Edinburgh, EH10 7EF
- Tél. : 44 131 445-7676
- Site Web : www.complete-skier.com/skier/bssf.htm

ci-contre LA STATION TREBLE CONE EN NOUVELLE-ZÉLANDE SE VANTE D'AVOIR DE MAGNIFIQUES TERRAINS DE MÊME QU'UNE VUE À COUPER LE SOUFFLE DU LAC WANAKA.

Stations de snowboard

Toutes les stations énumérées ci-dessous offrent des terrains de niveaux débutant et intermédiaire, des cours, un service de location d'équipements ainsi que des personnes-ressources pour vous aider à organiser votre voyage.

CANADA

ALBERTA

■ LAC LOUISE
- ■ 1 Whitehorn Road
- ■ Lake Louise, Alberta, T0L 0C0
- ■ Tél. : 1 403 522-3555
- ■ Courriel : info@skilouise.com
- ■ Site Web : www.skilouise.com

■ BANFF/MT NORQUAY
- ■ Norquay Road
- ■ Banff, Alberta, T0L 0L0
- ■ Tél. : 1 403 762-4421
- ■ Courriel : admin@banffnorquay.com
- ■ Site Web : www.banffnorquay.com

■ MARMOT BASIN
- ■ Highway 33
- ■ Jasper National Park, Alberta, T0E 1E0
- ■ Tél. : 1 403 852-3816
- ■ Courriel : info@skimarmot.com
- ■ Site Web : www.skimarmot.com

■ SUNSHINE VILLAGE
- ■ Sunshine Access Road
- ■ Banff, Alberta, T0L 0C0
- ■ Tél. : 1 403 760-5200
- ■ Courriel : reservations@skibanff.com
- ■ Site Web : www.skibanff.com

■ NAKISKA
- ■ PO Box 1988
- ■ Kananaskis Village, Alberta, T0L 2H0
- ■ Tél. : 1 403 591-7777
- ■ Courriel : info@skinakiska.com
- ■ Site Web : www.skinakiska.com

COLOMBIE-BRITANNIQUE

■ BIG WHITE
- ■ PO Box 2039, Station 'R'
- ■ Kelowna, Colombie-Britannique, V1X 4K5
- ■ Tél. : 1 250 765-3101
- ■ Courriel : mail@bigwhite.com
- ■ Site Web : www.bigwhite.com

FERNIE EST UN VÉRITABLE PARADIS POUR LES GENS DU COIN À CAUSE DE SA POUDREUSE VIERGE.

- FERNIE
- Ski Area Road, Fernie
- Colombie-Britannique, V0B 1M1
- Tél.: 1 250 423-3515
- Site Web: www.skifernie.com

MOUNT WASHINGTON
- Courtenay, Colombie-Britannique, V9N 5N3
- Tél.: 1 250 338-1386
- Courriel: ski@mtwashington.bc.ca
- Site Web: www.mtwashington.bc.ca

- PANORAMA RESORT
- Panorama, Colombie-Britannique, V0A 1T0
- Tél.: 1 250 342-6941
- Courriel: paninfo@panoramaresort.com
- Site Web: www.panoramaresort.com

- SILVER STAR
- Colombie-Britannique, VIB 3MI
- Tél.: 1 250 542-0224
- Courriel: reserv@junction.net
- Site Web: www.silverstarmtn.com

- SUN PEAKS
- 3150 Creekside Way St 50
- Sun Peaks, Colombie-Britannique, V0E 1Z1
- Courriel: info@sunpeaksresort.com
- Site Web: www.sunpeaksresort.com

- WHISTLER/BLACKCOMB
- 4545 Blackcomb Way, Whistler
- Colombie-Britannique, VON 1B4
- Tél.: 1 604 938-3450 ■ Courriel: bscguestrelations@intrawest.ca
- Site Web: www.whistler-blackcomb.com

- WHITEWATER
- PO Box 60, Nelson
- Colombie-Britannique, V1L 5P7
- Tél.: 1 250 354-4944
- Courriel: info@skiwhitewater.com
- Site Web: www.skiwhitewater.com

ONTARIO
- CALABOGIE
- Black Mountain Road
- Calabogie, Ontario, K0J 1H0
- Tél.: 1 613 752-2720
- Courriel: peaks@calabogie.com
- Site Web: www.calabogie.com

- MT ANTOINE
- Highway 533
- Mattawa, Ontario, P1B 8K1
- Tél.: 1 705 474-9950
- Courriel: mantoine@onlink.net
- Site Web: www.onlink.net/mtantoine

QUÉBEC
- GRAY ROCKS
- 525, rue Principale
- Mont-Tremblant, Québec, J0T 1Z0
- Tél.: 1 819 425-2771
- Courriel: info@grayrocks.com
- Site Web: www.grayrocks.com

- MONT-BLANC/FAUSTIN
- 1006 Route 117
- Saint-Faustin, Québec, J0T 2G0
- Tél.: 1 819 688-2444
- Courriel: lcroteau@ski-mont-blanc.com
- Site Web: www.ski-mont-blanc.com

- MONT-SAINTE-ANNE
- 2000, boul Beaupré
- Beaupré, Québec, G0A 1E0
- Tél.: 1 418 827-4561
- Courriel: info@mont-saint-anne.com
- Site Web: www.mont-sainte-anne.com

- MONT-SUTTON
- 671 Maple
- Sutton, Québec, J0E 2K0
- Tél.: 1 514 538-2339
- Courriel: sutton@mt-sutton.com
- Site Web: www.mt-sutton.com

MONT-CASCADE
- 448 Mont Cascade
- Cantley, Québec, J8V 3B2
- Tél.: 1 819 827-0301
- Courriel: cascades@istar.ca
- Site Web: www.montcascades.ca

- MONT-TREMBLANT
- 3005 Pineford
- Mont-Tremblant, Québec, J0T 1Z0
- Tél.: 1 819 681-2000
- Courriel: info@tremblant.com
- Site Web: www.tremblant.com

ÉTATS-UNIS D'AMÉRIQUE

ALASKA

- **ALYESKA**
- 1000 Arlberg Ave
- Girdwood, Alaska, 99587
- Tél. : 1 907 754-1111
- Courriel : info@alyeskaresort.com
- Site Web : www.alyeskaresort.com

CALIFORNIE

- **BIG BEAR MOUNTAIN RESORT**
- PO Box 5038
- Bear Valley, CA 95223
- Tél. : 1 209 753-2301
- Courriel : bearmtn@boothcreek.com
- Site Web : www.bearmtn.com

- **BEAR VALLEY SKI AREA**
- PO Box 5038
- Bear Valley, CA 95223
- Tél. : 1 209 753-2301
- Courriel : ski@bearvalley.com
- Site Web : www.bearvalley.com

- **BOREAL MOUNTAIN PLAYGROUND**
- PO Box 39
- Truckee, CA 96160
- Tél. : 1 530 426-3666
- Courriel : info@borealski.com
- Site Web : www.borealski.com

- **HEAVENLY SKI RESORT**
- PO Box 2180
- Stateline, NV 89449
- Tél. : 1 800 243-2836 ou
1 775 586-7000
- Courriel : info@skiheavenly.com
- Site Web : www.skiheavenly.com

- **JUNE MOUNTAIN SKI AREA**
- PO Box 146
- June Lake, CA 95329
- Tél. : 1 760 648-7733
- Courriel : junemtn@qnet.com
- Site Web : www.junemountain.com

- **KIRKWOOD**
- Lake Tahoe, CA
- Tél. : 1 800 967-5808
- Fax : 1 209 258-6000
- Courriel :
kwd-info@ski-kirkwood.com
- Site Web : www.ski-kirkwood.com

- **MAMMOTH MOUNTAIN SKI AREA**
- PO Box 24
- Mammoth Lakes, CA 93546
- Tél. : 1 760 934-0745
- Courriel : mammothmtn@aol.com
- Site Web :
www.mammoth-mtn.com

- **THE NEW MOUNTAIN HIGH RESORT**
- 24510 Highway 2
- Wrightwood, CA
- Tél. : 1 760 246-5808
- Courriel : jcmmthigh@qnet.com
- Site Web : www.mthigh.com

- **NORTHSTAR AT TAHOE**
- PO Box 129 ■ Truckee, CA 96160
- Tél. : 1 530 562-1010
- Courriel :
northstar@boothcreek.com
- Site Web : www.skinorthstar.com

- **SIERRA AT TAHOE**
- 1111 Sierra-At-Tahoe Road
- Twin Bridges, CA 95735
- Tél. : 1 530 659-7453
- Courriel : sierra@boothcreek.com
- Site Web : www.sierratahoe.com

- **SNOW SUMMIT MOUNTAIN RESORT**
- 880 Summit Blvd
- Big Bear Lake, CA 92315
- Tél. : 1 909 866-5766
- Courriel : info@snowsummit.com
- Site Web : www.snowsummit.com

- **SNOW VALLEY MOUNTAIN SKI RESORT**
- PO Box 2337
- Running Springs, CA 92382
- Tél. : 1 909 867-2751
ou 1 800 680-7669
- Courriel : info@snow-valley.com
- Site Web : www.snow-valley.com

- **SQUAW VALLEY, USA**
- PO Box 2007
- Olympic Valley CA 96146
- Tél. : 1 530 583-6955
- Courriel : squaw@squaw.net
- Site Web : www.squaw.com

COLORADO

- **ARAPAHOE BASIN**
- Dillon County, CO
- Tél. : 1 970 468-0718 ou
1 888 272-7246
- Courriel : abasin@colorado.net
- Site Web : www.arapahoebasin.com

CHALEUREUX TERRAINS POUR TOUS LES NIVEAUX DE COMPÉTENCE ET POUDREUSE DIGNE DE CONFIANCE FONT DE *VAIL* LA PREMIÈRE STATION DE SKI DES ÉTATS-UNIS.

- **BUTTERMILK MOUNTAIN**
- PO Box 1248
- Aspen, CO 81612
- Tél. : 1 970 925-1220
- Courriel : ewbaker@skiaspen.com
- Site Web :
www.skiaspen.com/mntinfo/
mnt_info_mnt_buttermilk.html

- **SNOWMASS**
- PO Box 1248
- Aspen, CO 81612
- Tél. : 1 970 925-1220
- Site Web : www.skiaspen.com

- **BRECKENRIDGE SKI RESORT**
- Breckenridge, CO
- Tél. : 1 970 453-5000 ou
1 800-789-SNOW (sans frais)
- Site Web : www.breckenridge.com

- **COPPER MOUNTAIN**
- Dillon County, CO
- Tél. : 1 800 458-8386
- Courriel : wc@ski-copper.com
- Site Web : www.ski-copper.com

- **PURGATORY**
- 1 Skier Place
- Durango, CO 81301
- Tél. : 1 970 247-9000
- Courriel : ski-purg-info@ski-purg.com
- Site Web : www.ski-purg.com

- **STEAMBOAT SKI & RESORT**
- 2305 Mt Werner Circle
- Steamboat Springs, CO 80487
- Tél. : 1 970 879-6111
- Courriel :
steamboat-info@steamboat-ski.com
- Site Web : www.steamboat-ski.com

- **TELLURIDE SKI & GOLF COMPANY**
- PO Box 11155
- Telluride, CO 81435
- Tél. : 1 970 728-7485
- Courriel : jackiek@telski.com
- Site Web : www.telski.com

- **VAIL RESORTS**
- PO Box 7 ■ Vail, CO 81658
- Tél. : 1 970 476-4888
- Courriel : vailinfo@vailresorts.com
- Site Web : www.vail.com

MAINE
- **SUGARLOAF USA**
- Route 27
- Carrabassett Valley, Maine, 04947
- Tél. : 1 207 237-2000
- Courriel : info@sugarloaf.com
- Site Web : www.sugarloaf.com

MONTANA

- BIG MOUNTAIN SKI AND SUMMER RESORT
- PO Box 1400
- Whitefish, MT 59937
- Tél. : 1 800 858-3930
- Courriel : bigmtn@bigmtn.com
- Site Web : www.bigmtn.com

- BIG SKY SKI & SUMMER RESORT
- 1 Lone Mountain Trail
- Big Sky, MT 59716
- Tél. : 1 800 548-4486
- Courriel : groupsales@bigskyresort.com
- Site Web : www.bigskyresort.com

NOUVEAU-MEXIQUE

- SKI SANTA FE
- 2209 Brothers Road
- Ste 220, Santa Fe, NM 87505
- Tél. : 1 800 776-1111

OREGON

- MOUNT HOOD MEADOWS SKI RESORT
- Highway 35
- Mount Hood, Parkdale, OR 97041
- Tél. : 1 503 227-SNOW
- Site Web : www.skihood.com

- MT BACHELOR
- 335 SW Century Drive
- Bend, OR 97702
- Tél. : 1 541 382-2442
- Site Web : www.mtbachelor.com

UTAH

- THE CANYONS
- 4000 The Canyons Resort Drive
- Park City, Utah 84098
- Tél. : 1 435 615-3456
- Courriel : info@thecanyons.com
- Site Web : www.thecanyons.com

- PARK CITY MOUNTAIN RESORT
- Park City
- Utah 84098
- Tél. : 1 435 649-8111
- Courriel : pcinfo@pcski.com
- Site Web : www.parkcitymountain.com

- SNOWBIRD
- Snowbird
- Utah 84092
- Tél. : 1 801 742-2222
- Site Web : www.snowbird.com

VERMONT

- KILLINGTON
- Killington Road
- Killington, VT 05751
- Tél. : 1 802 422-3333
- Courriel : info@killington.com
- Site Web : www.killington.com

- MOUNT SNOW
- Route 100
- Mount Snow, VT 05356
- Tél. : 1 802 464-3333
- Courriel : vacasvs@sover.net
- Site Web : www.mountsnow.com

- STOWE MOUNTAIN RESORT
- 5781 Mountain Road
- Stowe, VT 05672
- Tél. : 1 802 253-3000
- Site Web : www.stowe.com

- STRATTON MOUNTAIN
- RR #1, Box 145
- Stratton Mountain, VT 05155
- Tél. : 1 802 297-2200
- Courriel : mfuster@intrawest.com
- Site Web : www.stratton.com

WASHINGTON

- MT BAKER
- 1019 Iowa Street, Bellingham
- Washington, 98225
- Tél. : 1 360 734-6771
- Site Web : www.mtbakerskiarea.com

WYOMING

- JACKSON HOLE MOUNTAIN RESORT
- PO Box 290
- Teton Village, WY 83025
- Tél. : 1 307 733-2292
- Courriel : info@jacksonhole.com
- Site Web : www.jacksonhole.com

- GRAND TARGHEE SKI & SUMMER RESORT
- Ski Hill Road
- PO Box SKI Alta, WY 83422
- Tél. : 1 307 353-2300
- Courriel : info@grandtarghee.com
- Site Web : www.grandtarghee.com

EUROPE

PRINCIPAUTÉ D'ANDORRE

- **ARINSA**
- Andorra ■ La Massana Province
- Tél. : 376 83-8438
- Site Web : www.arinsal.ad

- **GRAU ROIG/PAS DE LA CASA**
- Principauté d'Andorre
- Encamp Province
- Tél. : 376 80-1060
- Site Web : www.pasgrau.com

AUTRICHE

- **OBERTAUERN**
- Salzburg ■ Autriche
- Tél. : 43 6456 7252
- Site Web : www.obertauern.at

- **SCHLADMING**
- Styria ■ Autriche
- Tél. : 43 3687 22-268
- Courriel : stadtamt@schladming.at
- Site Web : www.schladming.co.at

- **INNSBRUCK**
- Tyrol ■ Autriche
- Tél. : 43 512 59-850
- Courriel : info2@innsbruck.tvb.co.at
- Site Web :
  www.innsbruck.tvb.co.at

- **ISCHGL**
- Tyrol ■ Autriche
- Tél. : 43 5444 52-660
- Site Web : www.ischgl.co.at

- **KIRCHBERG**
- Tyrol
- Autriche
- Tél. : 43 5357 2309
- Site Web : www.kirchberg.at

- **KITZBÜHEL**
- Tyrol
- Autriche
- Tél. : 43 5356 62-1550
- Site Web :
  www.skiaustria.com/
  kitzbuel/kitzbuel.htm

LE FAIT QU'OBERTAUERN NE MANQUE JAMAIS DE NEIGE EN FAIT UNE DES DESTINATIONS LES PLUS POPULAIRES DE L'AUTRICHE.

CHAMONIX DISPOSE DE NOMBREUX SERVICES DE GUIDE POUR VOUS AMENER SURFER HORS-PISTE.

■ SOLDEN
- ■ Tyrol
- ■ Autriche
- ■ Tél. : 43 5254 2210
- ■ Site Web :
www.goski.com/rau/solden.htm

■ ST ANTON
- ■ Tyrol ■ Autriche
- ■ Tél. : 43 5446 22-690
- ■ Site Web :
www.stantonamarlberg.com

■ ST JOHANN
- ■ Tyrol
- ■ Autriche
- ■ Tél. : 43 5352 63-335
- ■ Site Web : www.st.johannerhof.at

FRANCE

■ CHÂTEL
- ■ Alpes du Nord ■ France
- ■ Tél. : 33 450 73-2244
- ■ Courriel : touristoffice@chatel.com
- ■ Site Web : www.chatel.com

■ AVORIAZ
- ■ Haute-Savoie ■ France
- ■ Tél. : 33 450 74-0211
- ■ Courriel :
avoriaz.ot@portesdusoleil.com
- ■ Site Web : www.avoriaz.com

■ CHAMONIX/MONT BLANC
- ■ Haute-Savoie ■ France
- ■ Tél. : 33 450 530-0024
- ■ Site Web : www.chamonix.com

■ MEGÈVE
- ■ Haute-Savoie
- ■ France
- ■ Tél. : 33 450 21-2728
- ■ Courriel : megeve@megeve.com
- ■ Site Web : www.megeve.com

■ MORZINE
- ■ Haute-Savoie
- ■ France
- ■ Tél. : 33 450 74-7272
- ■ Courriel :
touristoffice@morzine-avoriaz.com
- ■ Site Web :
www.morzine-avoriaz.com

- **LES DEUX ALPES**
- Isère
- France
- Tél. : 33 476 79-2200
- Site Web : www.les2alpes.com

- **COURCHEVEL**
- Savoie
- France
- Tél. : 33 479 80-029
- Courriel : pro@courchevel.com
- Site Web : www.courchevel.com

- **LA PLAGNE**
- Savoie
- France
- Tél. : 33 479 97-979
- Site Web : www.la-plagne.com

- **MÉRIBEL**
- Savoie ■ France
- Tél. : 33 479 86-001
- Courriel : info@meribel.net
- Site Web : www.meribel.net

- **LES ARCS**
- Savoie
- France
- Tél. : 33 479 07-1257
- Courriel : lesarcs@lesarcs.com
- Site Web : www.lesarcs.com

- **TIGNES**
- Savoie
- France
- Tél. : 33 479 40-0440
- Courriel : information@tignes.net
- Site Web : www.tignes.net

- **VAL-D'ISÈRE**
- Savoie
- France
- Tél. : 33 479 60-660
- Courriel : info@valdisere.com
- Site Web : www.valdisere.com

- **VAL-THORENS**
- Savoie
- France
- Tél. : 33 479 00-808
- Site Web : www.val-thorens.com

ITALIE
- **CORTINA**
- Belluno
- Italie
- Tél. : 39 0436 3231
- Site Web : www.sunrise.it/cortina

- **LIVIGNO**
- Sondrio
- Italie
- Tél. : 39 0342 99-6379
- Site Web : www.livignoitaly.com

- **MADONNA DI CAMPIGLIO**
- Trento
- Italie
- Tél. : 39 0465 44-2000
- Courriel : info@campiglio.net
- Site Web : www.campiglio.net

- **SELVA**
- Val Gardena ■ Italie
- Tél. : 39 0471 79-2277
- Courriel : selva@val-gardena.com
- Site Web : www.val-gardena.com

SUISSE
- **ADELBODEN**
- Bernese Oberland ■ Suisse
- Tél. : 41 33 673-8080 ■ Site Web : //snow.yahoo.com/snow/switzerland/bernese_oberland/adelboden.html

- **ANZÈRE**
- Valais
- Suisse
- Tél. : 41 27 399-2800
- Courriel :infos@anzere.ch
- Site Web : www.anzere.ch

- **GSTAAD – SAANENLAND**
- Bernese Oberland ■ Suisse
- Tél. : 41 33 748-8181 ■ Site Web : //snow.yahoo.com/snow/switzerland/bernese_oberland/gstaad.html

- **ANDERMATT**
- Suisse centrale
- Tél. : 41 41 887-1454
- Courriel : info@andermatt.ch
- Site Web : www.andermatt.ch

- **ENGELBERG**
- Suisse centrale
- Tél. : 41 41 637-0101 ■ Courriel : tourist.center@engelberg.ch
- Site Web : www.engelberg.ch

- **BRAUNWALD**
- Suisse de l'Est
- Tél. : 41 55 643-1108
- Site Web ://snow.yahoo.com/snow/switzerland/eastern_switzerland/braunwald.html

■ **DAVOS**
- ■ Graubünden ■ Suisse
- ■ Tél. : 41 81 415-2121
- ■ Site Web :
//snow.yahoo.com/snow/switzerland
/graubunden/davos.html

■ **ST. MORITZ**
- ■ Graubünden ■ Suisse
- ■ Tél. : 41 81 837-3333
- ■ Courriel : information@stmoritz.ch
- ■ Site Web : www.stmoritz.ch

■ **CHATEAU D'OEX**
- ■ Lac Léman
- ■ Suisse
- ■ Tél. : 41 26 924-7788
- ■ Site Web : www.chateau-doex.ch

■ **VILLARS**
- ■ Lac Léman
- ■ Suisse
- ■ Tél. : 41 24 495-3232
- ■ Courriel : information@villars.ch
- ■ Site Web : www.villars.ch

CHAMPÈRY
- ■ Valais
- ■ Suisse
- ■ Tél. : 41 24 479-2020
- ■ Site Web : www.champery.ch

■ **CRANS MONTANA**
- ■ Valais
- ■ Suisse
- ■ Tél. : 41 27 485-0404
- ■ Site Web : www.crans-montana.ch

■ **VERBIER**
- ■ Valais
- ■ Suisse
- ■ Tél. : 41 27 775-3888
- ■ Courriel :
verbiertourism@verbier.ch
- ■ Site Web : www.verbier.ch

■ **ZERMATT**
- ■ Valais
- ■ Suisse
- ■ Tél. : 41 27 967-0181
- ■ Courriel : zermatt@wallis.ch

LA POSSIBILITÉ DE SURFER SUR DE VASTES PISTES ET HORS PISTE FONT DE DAVOS, EN SUISSE, UNE BONNE SOLUTION DE RECHANGE AUX STATIONS KLOSTERS AVOISINANTES.

AMÉRIQUE DU SUD

ARGENTINE

- **CERRO CATEDRAL**
- San Carlos de Bariloche
- Argentine
- Courriel:
guiamaster@bariloche.com.ar
- Site Web:
www.goski.com/rarg/bariloch.htm

- **LAS LENAS**
- San Carlos de Bariloche
- Argentine
- Tél.: 54 4313 1300
- Site Web:
www.laslenas.com

CHILI

- **FARELLONES/EL COLORADO**
- Farellones
- Chili
- Tél.: 56 2 201-3704
- Site Web:
www.goski.com/rchi/farell.htm

- **LA PARVA**
- La Parva
- Chili
- Tél.: 56 2 264 1466
- Site Web:
www.goski.com/rchi/parva.htm

- **PORTILLO**
- Portillo
- Santiago, Chili
- Tél.: 56 2 361-7000
- Site Web:
www.skiportillo.com

AUSTRALIE

- **PERISHER BLUE**
- New South Wales ■ Australie
- Tél.: 61 2 6459-4421
- Site Web:
www.perisherblue.com.au

- **THREDBO**
- New South Wales ■ Australie
- Tél.: 61 2 6459-4100
- Site Web: www.thredbo.com.au

- **FALLS CREEK**
- Victoria ■ Australie
- Tél.: 61 357 58-3224
- Site Web:
www.skifallscreek.com.au

- **MT BULLER**
- Victoria ■ Australie
- Tél.: 61 357 77-6077
- Site Web:
www.mtbuller.com.au

- **MT HOTHAM**
- Victoria ■ Australie
- Tél.: 61 357 59-3550
- Site Web:
www.mthotmham.com.au

JAPON

- **SHIGA KOGEN**
- Nagano Province ■ Japon
- Tél.: 81 269 34-2404
- Site Web:
www.goski.com/rjpn/shigako.htm

NOUVELLE-ZÉLANDE

WANAKA

- **CARDRONA**
- PO Box 117 ■ Wanaka
- Nouvelle-Zélande
- Tél.: 64 3 443-7411
- Courriel: info@cardrona.com

- **TREBLE CONE**
- PO Box 206 ■ Wanaka
- Nouvelle-Zélande
- Tél.: 64 3 443-9327
- Courriel: tcinfo@treblecone.co.nz
- Site Web: www.new-zealand.
com/TrebleCone/index.htm

QUEENSTOWN

- **CORONET PEAK** ■ PO Box
359 ■ Queenstown ■ Tél.: 64
3 442-4620 ■ Courriel: service@
coronetpeak.co.nz ■ Site Web:
www.nzski.com/coronet

- **THE REMARKABLES**
- PO Box 359 ■ Queenstown
- Tél.: 64 3 442-4615 ■ Courriel:
service@theremarkables.co.nz
- Site Web:
www.nzski.com/remarkables

- **NOZAWA ONSEN**
- Nagano Province ■ Japon
- Tél.: 81 269 85-3166
- Site Web:
www.goski.com/rjpn/nozawa.htm

GLOSSAIRE

Aerial 180. Saut avec rotation du surf de 180° et atterrissage en *fakie* (en marche arrière).

Aerial 360. Saut avec rotation du surf de 360° (un tour complet sur soi-même).

Aerial 540. Saut avec rotation du surf de 540° (un tour et demi sur soi-même).

Air awareness. Savoir exécuter une manœuvre aérienne en toute sécurité avec assurance.

Aire de faible densité. Aire à haute altitude moins saturé en oxygène que celui qu'on retrouve au niveau de la mer.

Airs. Le fait de quitter le sol avec le surf.

Alpin. Descente impliquant vitesse et virages coupés.

Angle des carres. Le degré d'inclinaison du snowboard par rapport à ses carres.

Arbalète. Système de remontée mécanique constitué d'un câble tracteur disposé en boucle auquel s'agrippe le surfeur.

Arc de flexion. La répartition de cette flexion tout au long de la planche.

Avalanche. Masse de neige se détachant d'une montagne dévale en entraînant des pierres et de la boue.

Appareil de recherche des victimes d'avalanche. Petit appareil qu'on porte en régions éloignées, émettant un signal radio permettant aux sauveteurs de situer avec précision une victime d'avalanche.

Boardercross. Parcours composé d'obstacles sur lequel s'élancent six surfeurs ; un mélange de motocross et de snowboard.

Brain bucket. Jargon technique pour casque protecteur.

Bunny hill. Une pente douce pour skieurs et surfeurs débutants.

Carte des pistes. Carte fournissant d'importants détails sur les différents terrains d'une station de sports d'hiver.

Carving. Exécution de virages coupés décrivant des arrondis dans la neige à grande vitesse.

Corduroy. Texture d'une piste damée destinée aux skieurs et surfeurs qui ressemble à celle du velours côtelé.

Dérapage. Un glissement latéral contrôlé le long de la ligne de pente qui permet de contourner les terrains difficiles.

Déshydratation. Perte d'une grande partie de l'eau du corps (pouvant affecter les personnes non acclimatées à l'air en haute montagne). Les symptômes comprennent, la soif, la céphalée, la perte d'appétit, les nausées et les étourdissements.

Dropping. Un cri destiné au skieur ou au surfeur (semblable au « fore » employé au golf) pour signifier l'imminence d'un saut.

Engelure. Lésion cutanée attribuable au froid intense.

Fakie. Surfer, pied arrière en tête (en marche arrière).

Falling leaf. Exécuter des traversées alternativement en marche avant, puis en marche arrière, imitant ainsi le mouvement de chute d'une feuille.

Festons. Exécuter une série de virages de part et d'autres de la ligne de pente sans changer de carre.

Freshies. Nouvelle neige vierge, non foulée.

Grab. Manœuvre de freestyle qui consiste à attraper le surf avec une main ou deux au cours d'un saut.

Halfpipe. Un demi-tube en forme de U, d'après l'installation pour surfeur du même nom, utilisée pour exécuter des figures de freestyle.

Heliboarding. Accès par hélicoptère aux terrains hors-piste.

Hit. Une bosse ou un obstacle artificiels conçus pour exécuter des manœuvres aériennes.

Hors-piste. Tout endroit hors d'une piste établie, généralement une bonne source de neige vierge.

Hypothermie. Abaissement de la température du corps au-dessous de la normale attribuable à l'exposition à des températures extérieures basses se produisant surtout lorsque les réserves d'énergie de l'organisme sont épuisées.

Itinéraire. Voie que choisit un surfeur.

Ligne de pente. La ligne imaginaire la plus directe vers le bas entre deux points sur une piste de ski.

Loading. Prendre le télésiège pour monter.

Moguls. Accumulation de neige attribuable à de nombreux virages exécutés aux mêmes endroits d'un parcours.

Ollie. Petit saut pour lequel le surfeur utilise sa propre force pour s'élever du sol et en prenant appui sur le talon de la planche.

Parcours en sous bois. Parcours hors-piste comportant des sous-bois, des clairières et généralement des sections de neige vierge plus profonde.

Piste. Parcours aménagé sur le flanc d'une montagne pour le passage des skieurs et des surfeurs.

Position *goofy.* Surfer avec le pied droit en avant.

Position *regular.* Surfer avec le pied gauche en avant.

Postholing. Rester pris dans la poudreuse profonde en marchant.

Poudreuse. Neige épaisse et sèche fraîchement tombée en général qui exige une technique de surf particulière.

P-tex. Un plastique polyéthylène utilisé pour fabriquer et réparer des snowboards.

Rampe. Une pente naturelle ou artificielle utilisée pour se projeter dans les airs.

Riding powder. Surfer sur de la poudreuse douce, épaisse et sèche.

Slalom. Descente chronométrée à grande vitesse avec passage obligatoire entre plusieurs paires de piquets (portes) exigeant beaucoup d'équilibre et d'habileté.

Slalom géant. Descente chronométrée à grande vitesse avec passage obligatoire entre plusieurs paires de piquets (portes) plus exigeante que le slalom ordinaire.

Slalom parallèle. Épreuve de vitesse entre deux ou plusieurs concurrents courant simultanément côte à côte.

Snow-cat boarding. Se rendre sur des terrains hors-piste en autoneige, un véhicule automobile à plusieurs places monté sur chenilles pour circuler sur la neige.

Super G. Descente chronométrée de même forme que le slalom géant mais avec des portes plus larges et à une vitesse supérieure.

Talon. La partie arrière du snowboard.

Télécabine. Remonte-pente à plusieurs petites cabines aériennes donnant accès à des versants plus élevés et à des terrains de niveaux plus avancés.

Téléski double. (T-bar) Téléski dont les suspentes terminées en forme d'archet permettent de hisser deux personnes à la fois, côte à côte.

Téléski simple. Remonte-pente constitué de suspentes libres attachées à un câble et d'une sellette d'abord conçu pour les skieurs.

Terrain parc. Parc aménagé pour les surfeurs avec des obstacles, des *halfpipes* et diverses installations réservées aux figures de *freestyle.*

Traversée. Exécution de diagonale de part et d'autre de la ligne de pente.

Vibrations. Vibrations que transmet un planche lorsqu'elle glisse sur de la saleté ou des bosses.

Virage Vitelli. Virages couchés où le corps est parallèle à la surface de la neige. On les appelles aussi « virages à l'européenne ».

Crédits photographiques

Axiom/Chris Coe: p. 89, 92; **Jeff Barbee:** p. 9, 12 (haut à gauche), 34 (A, B), 37, 52(C), 66; **John Cleare:** p. 49 (fond), 52 (A, B); **Gallo Images/Tony Stone Images/Jess Stock:** p. 35, 59; **Laurence Gouault Haston:** p. 4/5; **INPRA/Silvio Fiore:** p. 48 (fond); **Damian Krige:** p. 33 (séquence), 34 (E), 75 (séquence), 76 (séquence), 77 (séquence), 79; **Marc Muench:** p. 6/7; **Vincent Skoglund:** 8 (bas à droite), 10, 56, 57, 64 (séquence), 68 (bas à gauche), 82; **Stock Shots/Sean Hubbard:** p. 65; **Stock Shots/R Rowland** p. 87; **Stock Shots/Jess Stock:** p. 58, 70, 90; **Stock Shots/M Weyerhaeuser:** p. 53; **Touchline/Allsport/Mike Cooper:** p. 67; **Touchline/Allsport/Mike Powell:** p. 8 (en haut), 11, 84; **Touchline/Allsport/Anton Want:** couverture, p. 30; **David Wall:** p. 2, 36, 54, 55, 62, 69, 72 (en haut), 73, 83.

Remerciements: L'éditeur désire remercier Mme Vanessa Haines (directrice des relations publiques du Ski Club de Grande-Bretagne) pour sa précieuse contribution à la réalisation d'une liste de stations de *snowboard* mentionnée au Chapitre 7.

Nos remerciements aussi aux fournisseurs suivants pour l'aide et la coopération dont ils ont fait preuve en nous offrant des vêtements et des équipements pour les photos pour nous avoir permis d'utiliser des photos déjà existantes pour le livre: Airwalk International, Burton Snowboards, Cape Union Mart, Duotone Snowboards, F2 International/Autriche, Proflex, Smileys Warehouse.

Index